eビジネス新書

週刊東洋経済

船・港
海の経済学

JN037901

週刊東洋経済eビジネス新書　No.344

船・港　海の経済学

本書は、東洋経済新報社刊『週刊東洋経済』2020年2月22日号より抜粋、加筆修正のうえ制作しています。情報は底本編集当時のものです。このため、2020年3月以降の新型コロナウイルス感染症による経済、物流への影響は記事に反映していません。（標準読了時間　90分）

船・港　海の経済学　目次

・ニッポンの生命線が危ない……1
・【海運】脱炭素化で船舶が大激変……8
・コンテナ事業が急改善　安定収益重視で生き残り……22
・群雄割拠から「天下三分」へ　コンテナ船業界の戦国史……27
・INTERVIEW　船だけでなく鉄道やトラックも活用する（ジェレミー・ニクソン）……35
・INTERVIEW　海運大手トップに直撃……38
・【日本郵船】環境分野でトップランナーに（長澤仁志）……38
・【商船三井】ＬＮＧビジネスで低炭素化をリード（池田潤一郎）……41
・【川崎汽船】今期黒字転換　風力・水素で先鞭（明珍幸一）……44
・【港湾】世界の港は規模の時代に……48
・ＩＴ化で存在感増す名古屋港　東京・横浜の一体運営は幻に……59
・INTERVIEW　港は自動化なんかしてもしょうがない（藤木幸夫）……71

・船長よりも偉い「水先人」とは？……75
・【造船】中韓に敗退、業界再編へ……77
・世界最大級の鉱石運搬船が竣工……88
・洋上風力発電で「作業船」に脚光……90
・世界の港を買いまくる中国・底に「マラッカ・ジレンマ」……94

海運の集約、造船の再編

ニッポンの生命線が危ない

シンガポールのランドマーク、「マリーナ・ベイ・サンズ」。最上階の展望デッキで人気を集める眺望が、目の前を行き交うおびただしい数の大型貨物船やタンカーだ。世界中の船がシンガポールに寄港し、荷物を積み替え、別の港に向かう。

海運業は世界経済の縮図だ。世界の経済成長を物流面で支えている。中国や東南アジアの経済は世界経済を上回る速度で成長しているが、2018年における世界の主要地域でのコンテナ荷動き量を見ても、東アジア－北米間、東アジア－欧州間など、東アジアを中心とした物流が圧倒的に多い。

四面を海に囲まれた日本において貿易の主役は海上輸送だが、成長が続く世界の海上輸送量に対し、日本の海上輸送量は横ばいにとどまることが、冴えない日本の景気を反映している。

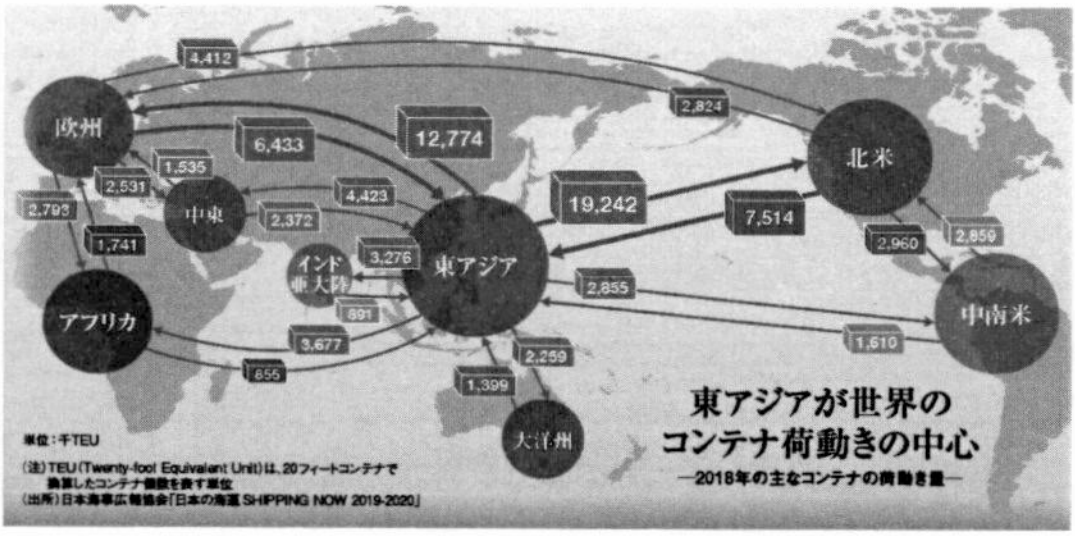

■ 海上輸送に占める日本の存在感は薄くなった
―世界と日本の海上輸送量―

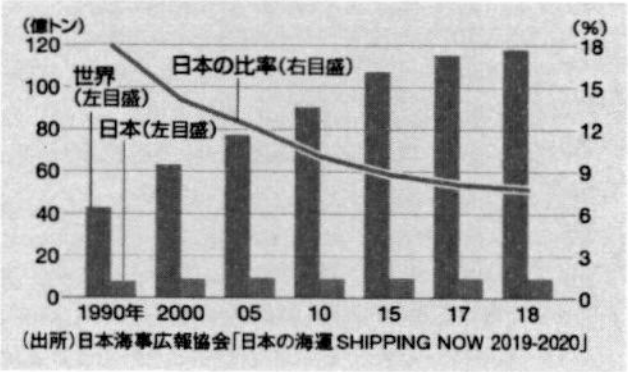

(出所)日本海事広報協会「日本の海運 SHIPPING NOW 2019-2020」

日本の生命線ともいえる船と港湾を取り巻く様相が近年大きく変わっている。

世界の海上輸送の転機となったのが、1960年代に起きたコンテナ規格の統一だ。それまでバラバラだった規格が統一された結果、人手に頼っていた積み下ろしが機械化され、物流コストが劇的に下がった。

海運業界はコスト競争の時代に突入、大量のコンテナを一度に運ぶために船舶の大型化が進んだ。2000年代後半に入ると、海運各社は旺盛な中国、アジアの輸送需要を取り込むべく、大型の新造船を大量発注した。しかしそこへリーマンショックが直撃し、10年以降は深刻な「船余り」に陥った。

激減する新規発注が造船業界を疲弊させる。2019年11月には国内1位の今治造船と2位のジャパン マリンユナイテッドが資本業務提携に踏み切ると発表した。

海運業界も空（から）の貨物スペースを埋めるため、運賃値下げ競争に陥った。日本郵船、商船三井、川崎汽船の3社は競争の激しいコンテナ事業を分離、3社統合のコンテナ会社を誕生させた。が、息はつけない。20年からは船舶の排出ガス規制が実施され、割高な規制適合燃料油の採用が費用を圧迫する。

船の大型化の影響は港湾にも及ぶ。現在、世界最大級のコンテナ船を接岸させるために必要な水深は18メートル。世界各国の主要港湾が大型船対応に向け埠頭の整備に動く中、日本で18メートルの水深を持つのは横浜港のみだ。

コンテナの規格統一は、港湾のあり方も変えた。シンガポール港のように積み替え港としての機能を強化し、コンテナ取り扱いで稼ぐ港も登場。世界の港湾ランキングを見ると、2002年には取扱貨物量の上位10港に千葉港と名古屋港の2港が入っていたが、17年には上位10港に日本勢はゼロ。名古屋港の21位が最高で、日本は完全に出遅れた。

■港湾ランキング上位から日本は脱落 ―世界の港湾取扱貨物量―

2002年

順位	港名	国・地域名	貨物量（億トン）
1	シンガポール	シンガポール	3.35
2	ロッテルダム	オランダ	3.21
3	上海	中国	2.39
4	サウスルイジアナ	米国	2.35
5	香港	中国	1.93
6	千葉	日本	1.59
〃	ヒューストン	米国	1.59
8	名古屋	日本	1.58
9	光陽	韓国	1.53
10	寧波	中国	1.50
11	蔚山	韓国	1.48
12	仁山	韓国	1.46
13	釜山	韓国	1.44
14	広州	中国	1.40
15	アントワープ	ベルギー	1.32
16	高雄	台湾	1.29
〃	天津	中国	1.29
18	ロサンゼルス	米国	1.23
19	ロングビーチ	米国	1.21
〃	秦皇島	中国	1.21

主な日本の港湾ランキング

22	横浜	日本	1.18
27	大阪	〃	0.88
28	北九州	〃	0.84
29	東京	〃	0.83
33	神戸	〃	0.79

2017年

順位	港名	国・地域名	貨物量（億トン）
1	上海	中国	7.06
2	シンガポール	シンガポール	6.28
3	広州	中国	5.18
4	寧波	中国	5.14
5	ポートヘッドランド	オーストラリア	5.05
6	ロッテルダム	オランダ	4.67
7	青島	中国	4.66
8	釜山	韓国	3.85
9	天津	中国	3.61
10	大連	中国	3.34
11	光陽	韓国	2.92
12	香港	中国	2.82
13	サウスルイジアナ	米国	2.79
14	厦門	中国	2.52
15	ヒューストン	米国	2.46
16	秦皇島	中国	2.38
17	アントワープ	ベルギー	2.24
18	深圳	中国	2.20
19	ポートクラン	マレーシア	2.12
20	ロサンゼルス	米国	1.98

主な日本の港湾ランキング

21	名古屋	日本	1.96
28	千葉	〃	1.67
39	横浜	〃	1.14
43	神戸	〃	1.02
45	北九州	〃	1.00
50	東京	〃	0.88

（出所）国土交通省『数字でみる港湾2019』

日本の港湾が現在注力しているのはクルーズ船の寄港だ。博多港の18年におけるクルーズ船寄港回数は実に279回。中国発ツアーが多いせいか、地理的に近い西日本の都市への寄港が目立つ。東日本の自治体はクルーズ船誘致の取り組みを進めるが、寄港があっても地元経済が潤うとは限らない。寄港地で夕食を取らず宿泊もしないツアーが多いのだ。「クルーズ船の団体客は必ずしも富裕層ではない。100円ショップでしか買い物をしない客もいる」と、九州の旅行関係者がぼやく。

新型肺炎ショック

日本の港湾には、経済活動とは違う新たな脅威も襲いかかる。2017年6月に初めて、強い毒性を持つ特定外来生物のヒアリが、神戸港で下ろされ尼崎市内に運ばれたコンテナの中で発見された。19年秋には、東京港で有翅（ゆうし）女王ヒアリが20個体以上見つかった。「女王アリが飛び立ち、ほかの場所に広がった可能性が高い」（環境省）。

そして、クルーズ船「ダイヤモンド・プリンセス」では乗客が新型コロナウイルスに集団感染するという事態が発生。密室状態で長時間過ごす旅が思わぬリスクを伴うことが浮き彫りになった。

これまであまり注目を集めることがなかった日本の船と港だが、多くの課題が山積している。現状と解決のヒントを探る。

（大坂直樹）

【海運】船舶燃料の脱炭素化が最重要課題

脱炭素化で船舶が大激変

地球温暖化への対策が急務となる中で、海運や船舶のあり方が大きく変わろうとしている。100年以上にわたって主流となってきた重油などの石油系燃料から、温室効果を持つ二酸化炭素（CO2）の排出が相対的に少ないLNG（液化天然ガス）への転換が急速に進みそうだ。その先は、水素やアンモニアといった、CO2を排出しない燃料や、風力など再生可能エネルギーの利用も視野に入りつつある。

国際海運のルールを決める国際海事機関（IMO）は2018年4月に「温室効果ガス削減戦略」を採択し、「今世紀中のなるべく早期に、国際海運からの温室効果ガス排出ゼロを目指す」との目標を取り決めた。

その際、2030年時点での目標として「2008年比で単位輸送量当たりの温室効果ガス排出量の40%以上削減」に加え、50年時点での「国際海運全体での温室効果ガス排出総量を50%以上削減」(単位輸送量当たり温室効果ガス排出量の80%以上削減に相当、08年比)という数値目標が決まった。

エンジンの出力制限など30年目標達成に実効性を持たせるための具体的な規制内容については現在、日本やデンマーク、中国などが具体案を持ち寄りIMOの専門委員会で議論を続ける。30年目標については、「現在、考えられている対策でクリアできる」(大手海運各社)とみられている。一方、50年目標の達成については、越えねばならないハードルが多い。だが、どのようなルールが導入されるにせよ、既存の船舶を今までどおり運航させることは困難になるうえ、新たに建造される船舶についても燃料の転換が不可避だ。

■ さまざまな取り組みで2050年に排出総量半減以上を目指す

―国際海運からの温室効果ガス(GHG)排出量・削減量の見通し―

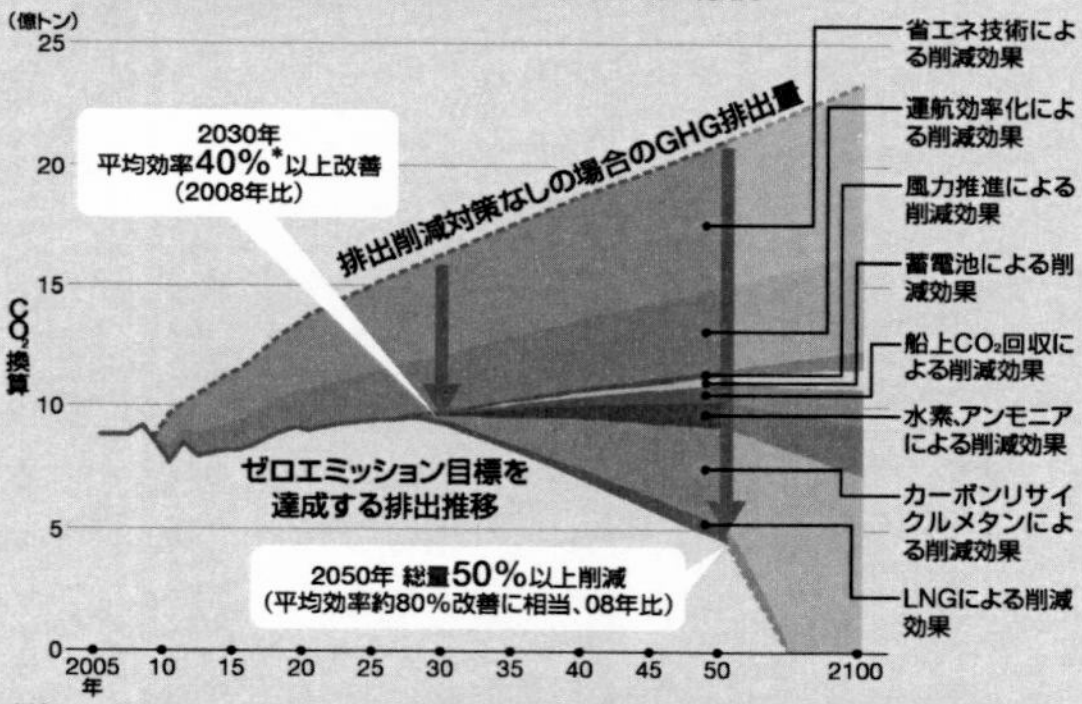

(注)LNG、カーボンリサイクルメタンを中心に船舶燃料の転換が進んだ場合のシナリオ。温室効果ガス排出量は「国際海運GHGゼロエミッション・プロジェクト」による試算。＊単位輸送量当たり排出量　(出所)「国際海運GHGゼロエミッション・プロジェクト」(国土交通省と日本財団の協力を得て日本船舶技術研究協会が主催している事業)

ＬＮＧ燃料船建造相次ぐ

こうした国際的な温室効果ガス削減の動きを見据えた取り組みが、国内でもスタートしている。

日本郵船と商船三井、九州電力の3社は２０１９年１２月、ＬＮＧ燃料で運航する載貨重量9万５０００トン級の大型石炭輸送船2隻の導入を内容とした基本協定書を締結した。この規模の石炭輸送船の建造は世界初であり、２３年4月および6月に竣工する予定だ。ＬＮＧ燃料については、九電の子会社が福岡県北九州市に持つＬＮＧの陸上出荷設備から2隻に供給する。

ＬＮＧ燃料の長所は、燃焼時の大気汚染物質排出が極めて少ないことにある。一般的な船舶燃料油であるC重油と比べて、硫黄酸化物（ＳＯｘ）についてはほぼすべて、窒素酸化物（ＮＯｘ）では約８０％の削減が見込まれている。一方、ＣＯ2排出の削減率は２０~３０％にとどまる。

このように、ＬＮＧ燃料を用いるだけでは、ＩＭＯが目指す「温室効果ガス排出ゼロ」や大幅な削減には届かない。だが、減速航行、船舶の設計改善、風力の活用などと組み合わせることにより、50年目標達成への有力な手段になりうるとされている。

加えて日本の強みも生かせる。というのも、海運大手3社はLNGの輸送実績で世界有数であるうえ、「船員の訓練などオペレーションでも、従来のLNG輸送船の経験を生かせる」（川崎汽船の中野豊久執行役員）からだ。LNG火力発電や都市ガス供給を通じて、日本は世界最大のLNG輸入国になっている。そのため、30以上の港湾にあるLNG受け入れ基地を改修し、供給機能を持たせることも可能だ。造船業では数多くのLNG輸送船の建造実績がある。

前述の石炭輸送船に関する記者会見で、商船三井の池田潤一郎社長は、「今後、船舶燃料の大部分がLNGに切り替わるのではないか。ばら積み船やコンテナ船、自動車輸送船など、できる限り対応していきたい」と力を込めた。

同じ記者会見で、日本郵船の長澤仁志社長は、今後建造する自動車輸送船の燃料についてLNG化する方針を明らかにした。

LNG燃料へのシフトという点で、2019年は転換点となった。

商船三井は日本で初めてとなるＬＮＧ燃料フェリー2隻の建造を決定。大阪－別府航路で22年から23年にかけて順次就航させる。

ＬＮＧを燃料とする自動車輸送船については、日本郵船と川崎汽船の発注によって、国内の造船所で2隻の建造が始まっている。いずれも20年秋に竣工する予定だ。

ＬＮＧ燃料を船舶に供給するためのインフラ整備も進みつつある。タンクローリーから船舶への供給方式に続いて、より大量の燃料を短時間で供給できるＬＮＧバンカリング（燃料供給）船による供給も具体化してきた。日本郵船、川崎汽船、豊田通商、ＪＥＲＡ（ジェラ）の4社は、伊勢湾および三河湾での燃料供給事業の合弁会社を設立、20年後半をメドに大容量のＬＮＧバンカリング船を建造する。これにより、前出の自動車輸送船への供給が可能になる。

東京湾でも住友商事など3社がＬＮＧバンカリングの合弁会社を設立。大阪湾では商船三井などが拠点整備に向けて検討中だ。

排ガス規制強化が追い風

燃料価格の面でも、ＬＮＧに追い風が吹き始めた。２０２０年１月に国際海運全体でＳＯｘ排出規制が始まったことにより、排煙脱硫装置を設置した船舶でなければ、硫黄分の多いＣ重油を燃焼させることはできなくなった。脱硫装置を設置していない船の場合、硫黄分の少ない「規制適合油」に切り替えなければならない。この適合油は従来のＣ重油と比べて割高だ。

商船三井の中野道彦・エネルギー輸送営業本部燃料部長は「ＬＮＧ燃料と規制適合油の価格を単純に比べるだけでは、インフラを含むトータルコストは見えない」としたうえで、「以前とは状況が変わりつつある。バンカリングに対するエネルギーメジャーの目の色も変わってきた」と指摘する。

ＬＮＧ燃料普及のカギを握るのが供給インフラの整備だ。日本郵船は従来の電力やガス会社向けＬＮＧ燃料の輸送にとどまらず、船舶へのＬＮＧ燃料の供給業務を新たなビジネス分野に設定した。

その1つが、前述の伊勢湾・三河湾での合弁事業であり、九州・瀬戸内地区でも九電、西部ガスなどと協議を進めている。「従来の輸送業のみならず、調達など関連分野にもLNGビジネスを広げていきたい」(日本郵船の中村利・グリーンビジネスグループ長)。

海外でも、日本の海運会社はLNG燃料ビジネスを始めている。

日本郵船ではLNG燃料の自動車輸送船2隻が合弁会社を通じて欧州で運航しており、バンカリング事業についてもベルギーを拠点に2017年から始めている。

商船三井は仏エネルギーメジャー・トタルと連携して欧州でバンカリング船2隻を、シンガポールでは政府系のパビリオンガスとの長期用船契約に基づき同1隻を、それぞれ2020年から21年にかけて稼働させる。このうち欧州での2隻のタンク容積は世界最大規模となる。

川崎汽船はシンガポールで同国初のバンカリング船を用いたLNG供給事業を20年秋に開始。現地企業が保有・運航するバンカリング船の船舶管理業務を担う。

2つの脱炭素化シナリオ

繰り返しになるが、ＬＮＧへの燃料転換は、温室効果ガスの排出量の抑制に効果があるものの、それ自体では排出ゼロにはならない。その一方で、ＬＮＧ化は船舶燃料の脱炭素化への移行をスムーズに進めるための選択肢として有効だとされる。「ＬＮＧ供給で用いられるインフラは、将来の有力な選択肢の1つとされているカーボンリサイクルメタンなど、脱炭素化を見据えた代替燃料にも活用できる」（国土交通省海事局の今井新・環境渉外室長）ためだ。

脱炭素化への道筋を明確にすることを目的とした、産官学連携による戦略プラン策定作業も始まっている。日本船舶技術研究協会は国交省などの協力を得て１８年8月から「国際海運ＧＨＧ（温室効果ガス）ゼロエミッション・プロジェクト」を主催。２０年3月には温室効果ガス削減に向けたロードマップを公表した。

報告書の取りまとめ作業の過程で関係者への取材により、その内容の大枠が明らかになった。それによれば、ＩＭＯで取り決められた５０年時点での温室効果ガス削減目標を達成するうえで、以下の２つのシナリオが有力だとされている。

1つは、「LNGおよびカーボンリサイクルメタン中心のシナリオ」で、現在、船舶燃料のほとんどを占めている石油系燃料の大部分が、LNGおよびカーボンリサイクルメタンに置き換わるというもの。もう1つのシナリオが、「水素およびアンモニア燃料中心のシナリオ」だ。

カーボンリサイクルメタンとは、CO2および水素から合成したメタンのこと。天然ガスの主成分はメタンであるため、既存のLNGインフラに加え、LNG燃料船の技術も使用できる。

ただし、生産過程でCO2を発生させないためには、再エネ電力で水を電気分解し、水素を生成しなければならない。それには再エネ電力のコストを抜本的に低減させる必要がある。CO2は、船舶の運航で発生する排ガスから集めることも検討されている。なお、カーボンリサイクルメタン自体が、新たに環境負荷を与えない「カーボンニュートラル」（炭素中立）であるとの評価を得られることが前提になる。

一方、「水素およびアンモニア燃料中心のシナリオ」では、メリットとともに、特有の課題がある。

■温室効果ガスを大幅に減らす方法とは？
—温室効果ガス削減のシミュレーション—

温室効果ガス削減＝燃料×スピード×設計×回収

ケース1：コンテナ船

2008年比	水素	高速20ノット	—	—
▲100%	▲100%	—	—	—

ケース2：コンテナ船

2008年比	カーボンリサイクルメタン	高速20ノット	—	—
▲100%	▲100%	—	—	—

ケース3：コンテナ船

2008年比	LNG＋水素	高速20ノット	設計改善＋風力	—
▲80%	▲65%	—	▲40%	—

ケース4：ばら積み船

2008年比	メタノール	低速12ノット	設計改善	CO_2回収
▲95%	▲10%	▲40%	▲30%	▲85%

ケース5：ばら積み船

2008年比	LNG	超低速9ノット	設計改善＋風力	—
▲80%	▲20%	▲60%	▲35%	—

(注)▲はマイナス　(出所)「国際海運GHGゼロエミッション・プロジェクト」(国土交通省と日本財団の協力を得て日本船舶技術研究協会が主催している事業)

■ **重油からLNG、カーボンリサイクルメタンにシフト**

—国際海運におけるエネルギー消費量に占める各燃料などの割合—

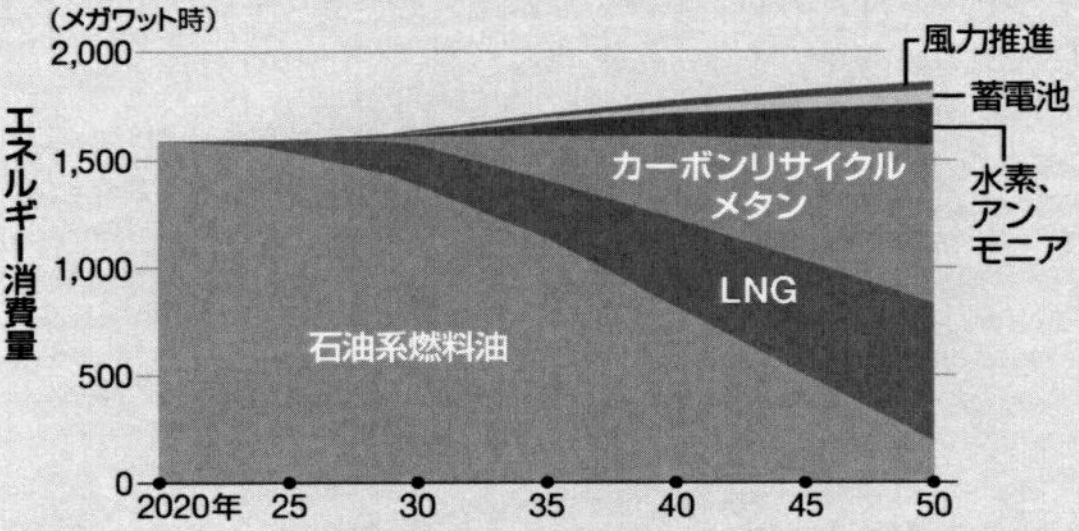

(注)LNG、カーボンリサイクルメタンを中心に船舶燃料の転換が進んだ場合のシナリオ

(出所)「国際海運GHGゼロエミッション・プロジェクト」(国土交通省と日本財団の協力を得て日本船舶技術研究協会が主催している事業)

水素燃料の可能性と課題

水素およびアンモニアは燃焼時にCO2が発生しないため、ゼロエミッション（排出）燃料となる。ただし、水素は液化したときの熱量当たり体積がC重油の約4・5倍と大きく、船内に燃料貯蔵のスペースが必要だ。また、液化ではマイナス162度のLNGよりもはるかに低いマイナス253度に冷却する必要があり、供給インフラも造らなければならない。

アンモニアはガスタービンでの燃焼実績があるうえ、水素と比べて熱量当たり体積が大きくないことから輸送しやすいといった長所もある。一方、毒性や強い臭気に関して設備や安全面での対策が必要になる。燃焼時に発生するNOxにはCO2の約300倍もの温室効果があるため、NOx低減対策も不可欠だ。水素と窒素を合成して製造するため、水素製造のコストにも強く影響を受ける。

このように、代替燃料には利点とともにさまざまな課題がある。しかし、IMOの目標である50年までに残された年数は多くない。

「船の耐用年数を考慮に入れると、ゼロエミッション技術を盛り込んだ実験船を30年あたりまでに竣工させ、その性能を確かめたうえで、一斉に発注するスピード感覚を持って業界横断的に取り組む必要がある」(日本郵船の高橋正裕・環境グループ長)

国際海運を通じて排出される温室効果ガスの総量は、世界全体の約2~3%、ドイツ1国分に相当する。排出ゼロへの取り組みの行方は、ほかの産業にも大きな影響を及ぼす。

(岡田広行)

コンテナ事業が急改善　安定収益重視で生き残り

船舶への過大投資の後遺症に苦しんできた大手海運3社（日本郵船、商船三井、川崎汽船）の業績が、落ち着きを取り戻しつつある。2020年3月期第3四半期連結決算では、前年同期に赤字だった日本郵船、川崎汽船が最終黒字に転換。商船三井は第3四半期の最終利益を前年同期比倍以上に拡大させた。「各社とも赤字契約の縮小により、ベースの利益が切り上がっている」と、姫野良太・JPモルガン証券アナリストは指摘する。

19年3月期までの過去10年における連結純損益の赤字額は3社合計で7000億円を超え、それ以前の10年間に稼いだ利益の4割以上を吐き出した。ただ、各社ともここ数年にわたり、多額の費用を計上してばら積み船の期限前返船などのリストラ策を実施。「市況に連動する契約が縮小した分、大きく儲けたり、損したりすることがなくなり、業績が安定しつつある」(姫野氏)。

国際競争の激しいコンテナ船については各社単独のままでは太刀打ちできないことから、18年4月に事業を統合。「オーシャン・ネットワーク・エクスプレス(ONE)」が発足したが、初年度は統合の混乱から6億ドル近い赤字に沈んだ。20年3月期は規模拡大のメリットを生かした運航計画の見直しなどの効果が表れ、19年12月末までの3四半期にわたって黒字決算が続く。第4四半期は新型肺炎拡大による荷動きへの悪影響が懸念されるが、統合効果は維持されているようだ。

■「失われた10年」から抜け出せるか?
—大手海運3社の連結純利益—

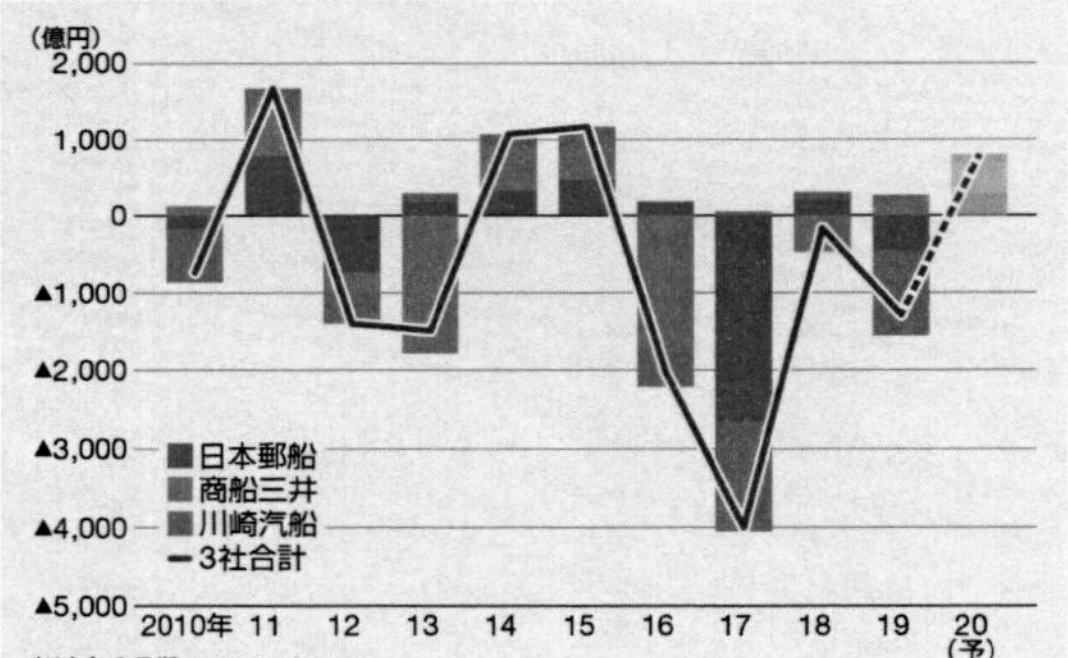

(注)各3月期、▲はマイナス

エネルギー分野に軸足

もっとも、ばら積み船の市況がよくないことに加え、新型肺炎による影響への懸念から、3社とも株価は一進一退を続けている。

2021年3月期以降に各社がどこまで利益を伸ばせるかについても未知数だ。日本郵船は赤字がかさんでいる航空貨物、低採算の物流事業の立て直しが急務だ。このうち航空貨物については、20年3月期第3四半期に子会社が保有する機体や予備エンジン、部品などを対象に減損処理を実施。約157億円の特別損失を計上した。ただし、オペレーティングリースで調達している航空機(8機)については減損の対象外。リース期間終了後に返却を選択した場合には、残価保証による潜在的な最大支払額とされている523億円(19年3月末時点)の損失計上の可能性がある。

物流事業について日本郵船の長澤仁志社長は、「(日本郵船本体と)重複している管理費用の見直しや、海外ネットワークの連携強化など収益改善策について議論を重ねている」と説明する。

川崎汽船は、船主から借りてONEに貸し出しているコンテナ船に関する21年3月期分の逆ザヤ（赤字）想定額約160億円を、20年3月期の期末に引き当てる計画だ。逆ザヤは漸減傾向ながら数年続く見通しで、今後も収益回復の足を引っ張り続ける。

各社は今後、LNG（液化天然ガス）輸送をはじめとしたエネルギー分野などに投資を集中する方針だ。市況変動の影響が小さい長期契約を積み上げ、安定した利益の確保に努めるが、「リターンは低め」（姫野氏）。大手3社にとって気が抜けない日々が続く。

（岡田広行）

コンテナ船業界には嵐が吹き荒れた

群雄割拠から「天下三分」へ　コンテナ船業界の戦国史

20世紀半ば以降、世界の物流の姿を大きく変えた「コンテナ」。規格化された金属製の箱に貨物を詰めて輸送するというアイデアは瞬く間に世界中に広がり、とくに国際貿易を担う海運業界に大きな影響を与えた。

海上コンテナ輸送は1956年、米国の運送業者だったマルコム・マクリーンが創設した海運会社シーランドが、タンカー改造の船に58個のコンテナを積んで運航したのが本格的な始まりとされる。

機械部品や衣類、電化製品などの貨物を統一規格の箱に詰め込んで運ぶコンテナ輸送は、港での荷役にかかる時間やコストを削減できることから急速に普及し、1966年には国際海上コンテナ輸送がスタート。日本の船会社で初のコンテナ船は

68年に就航した日本郵船の「箱根丸」で、コンテナの積載量は752TEU（20フィート換算のコンテナ個数）だった。

それから約50年。現在の世界最大級のコンテナ船は積載量が2万3000TEUを超えるまでに巨大化し、18年の世界のコンテナ荷動き量は約1億6480万TEUに達する。

そして、コンテナ船業界の勢力図も様変わりした。とくに近年は世界規模のM&A（合併・買収）が進み、2000年代には17社あった主要船社が18年には9社に集約。日本郵船、商船三井、川崎汽船の大手海運3社も17年にコンテナ船事業を切り離したうえで統合し、オーシャン・ネットワーク・エクスプレス（ONE）を設立、日本の大手コンテナ船社は1社に集約された。各社が手を組むアライアンスも目まぐるしく変化した。まさに弱肉強食の「戦国時代」になっていたのだ。

■コンテナ船業界 合従連衡の歴史

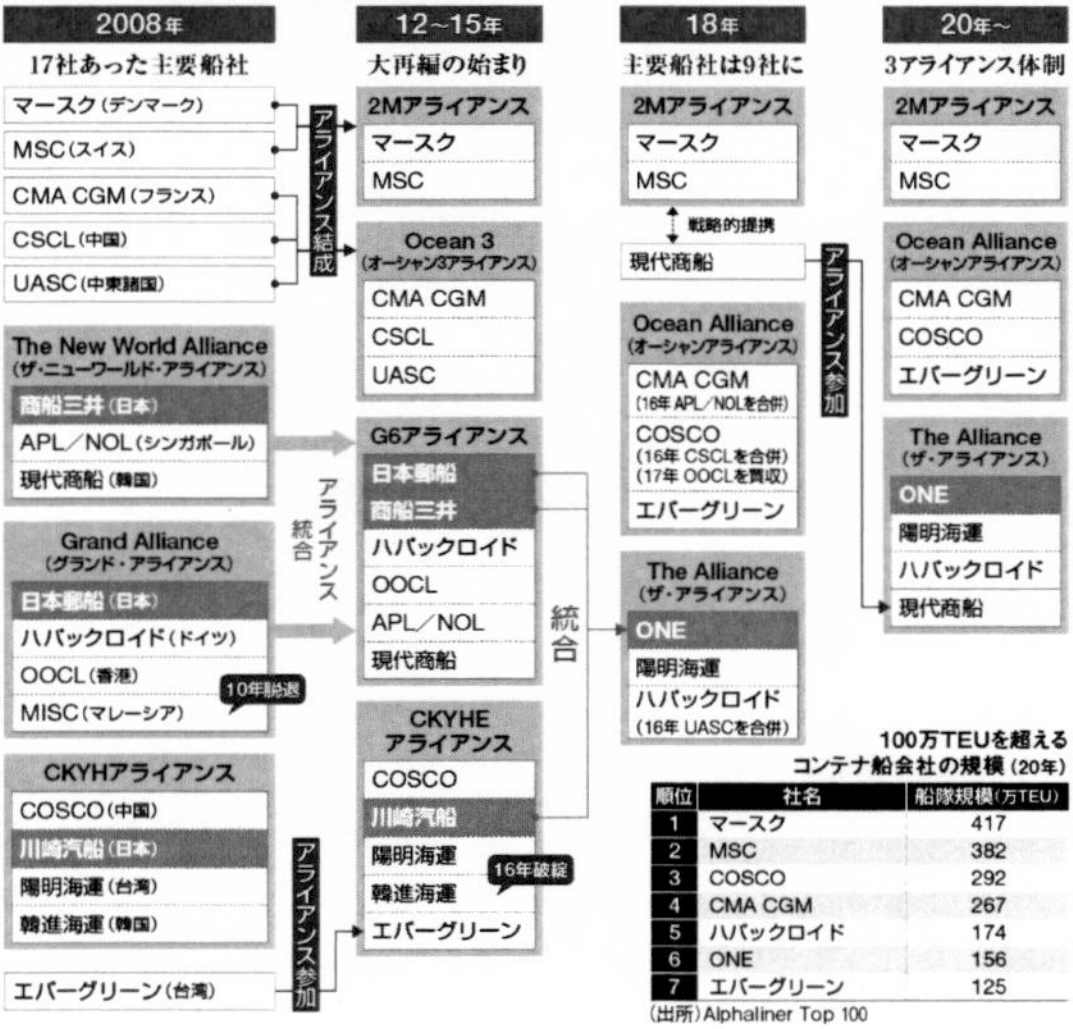

100万TEUを超える
コンテナ船会社の規模（20年）

順位	社名	船隊規模（万TEU）
1	マースク	417
2	MSC	382
3	COSCO	292
4	CMA CGM	267
5	ハパックロイド	174
6	ONE	156
7	エバーグリーン	125

（出所）Alphaliner Top 100

大型船が生んだ再編の波

2010年代に大規模な合従連衡が起こる以前から、コンテナ船各社間ではM&Aやアライアンス形成といった動きが継続的に存在していた。業界の動向に詳しい公益財団法人日本海事センターの松田琢磨・主任研究員によると、コンテナ船各社によるアライアンスの形成が進むようになったのは90年代に入ってからだという。

その理由の1つは船の大型化だ。1988年にパナマ運河を通航できる最大サイズ「パナマックス」を超える「オーバーパナマックス」の船が登場して以降、大型化の流れが加速した。大型船は運航コストが下がり効率はいいが、1隻当たりの投資額は大きくなる。例えばアジア－欧州間は1ループ（1周）におおむね77日かかるといい、週1回サービスを提供するためには11隻の船が必要になる。

松田氏は「できるだけ投資を抑えてサービスをきめ細かく提供するためには、ほかの船社と組んで運航したほうが効率的、という考えの下でアライアンスが形成されるようになった」と説明する。

安定の2000年代前半

船の大型化で輸送の供給量が増えたことにより、1990年代はコンテナ船社間の競争が加速。アライアンスの形成とともに再編が進んだ。現在世界シェア約18％でコンテナ船業界トップのマースク（デンマーク）が、シーランドを買収し首位に躍り出たのは99年。CMA（フランス）も同年にCGM（同）を買収し、現在4位のCMA CGMが成立した。

一方、2000年代に入ると2001年の中国のWTO（世界貿易機関）加盟による貿易拡大などを背景に荷動きが大きく伸び、市況は安定。目立った再編の動きは見られず、各社は需要に対応するため大型船を発注した。

潮目が変わった契機は、08年のリーマンショックだ。09年には、これまで伸び続けていた輸送量が前年割れを記録。翌10年には再び増加に転じたものの、伸び率は低下した。一方で好況期に発注した大型船が投入されたことで供給過多に陥り、大幅な運賃の下落を招いた。

コンテナ船事業は「価格競争」になりやすいと松田氏は指摘する。「コンテナを船で運ぶこと自体に差をつけづらく、運賃以外で差別化が図りにくい」という特性があるためだ。供給過剰の状態が続く中、業界再編の波が再び到来する。12年に2つのアライアンスが統合され、6社が参加する「G6」が誕生。14年には業界1位のマースクと2位のMSC（スイス）による2Mアライアンスが誕生した。

14年以降は船会社のM&Aも本格化した。ハパックロイド（ドイツ）がチリの船会社を買収したのを皮切りに、16年には当時業界3位のCMA CGMがシンガポールのAPL／NOLを買収して規模を拡大。同年には中国国営であるCOSCOとCSCLの2社も合併し、コンテナ船業界は規模を争う戦国時代に突入した。その中で、合従連衡の波に乗れず、戦いから脱落する船会社も現れた。16年8月末、韓国の大手だった韓進海運が経営破綻し、海運業界に衝撃を与えた。日本の大手海運3社がコンテナ船事業の統合を発表したのは、その約2カ月後だった。

今後も再編はありうる？

「競争に次ぐ競争の中で各社が統合を繰り返し、ある程度の規模がないと生き残れない環境になってきた」。ONEの持ち株会社であるオーシャン・ネットワーク・エクスプレス・ホールディングスの新潔・経営管理部長は、ONE発足の背景についてこう語る。

もっとも、この統合は世界的にはさほど驚きはなかったと業界関係者は言う。首位のマースクが1社で400万TEUを超える船腹量を抱えるのに対し、日本の3社は統合しても約160万TEU、世界シェアでは5％にすぎない。規模が物を言う世界では、統合は既定路線と受け止められたのだ。

戦国時代を経て3アライアンス体制に落ち着いたコンテナ船業界。20年4月には、ONEが参加する「ザ・アライアンス」に韓国の現代商船が加わる。現代商船は2万TEUを超える大型船を10隻以上発注しており、ONEは「われわれの陣営にとってかなりの強化になるだろう」（新氏）とみる。

再編は今後も続くのだろうか。例えば、1国1社への集約が進む中で台湾はエバーグリーンと陽明海運の大手2社が存在する。ただ、「会社の性格が違いすぎて統合は難しいだろう」（業界関係者）との指摘がある。ＯＮＥのジェレミー・ニクソンＣＥＯ（最高経営責任者）は、「３アライアンス体制はバランスが取れていると思う」と語り、今後の再編には否定的な見方を示す。別の関係者も「これ以上の合併は各国の競争法に触れる可能性があり、難しいのではないか」とみる。

１０年足らずで主要１７社が９社に集約されたコンテナ船業界。しばらくは落ち着きを見せそうだが、さらなる動きがないとは限らない。

（小佐野景寿）

船だけでなく鉄道やトラックも活用する

ONE CEO・ジェレミー・ニクソン

日本郵船、商船三井、川崎汽船が2017年10月に設立したコンテナ船統合会社、オーシャン・ネットワーク・エクスプレス（ONE）は、初年度の18年度こそ赤字決算だったが、19年度の業績は好調だ。ジェレミー・ニクソンCEOに戦略を聞いた。

――なぜシンガポールに本社を置いたのですか。

親会社3社のうち2社のコンテナ事業の本部が当地にあり、その人材をそのまま新会社で活用できる。政府が海運事業を手厚く支援している点も大きい。

―― 規模で業界6位。

順位より強みを伸ばすことが重要。当社は120カ国に展開しているが、すべて「ONE」ブランドで営業しているのが強み。合併を繰り返した会社の中には、複数ブランドで営業しているところもある。また、港から港に運ぶサービスにとどまる業者もいるが、当社はトラック、鉄道も活用して荷主の元から配送先まで運ぶフルサービスの事業を行っている。最新式の冷凍冷蔵コンテナを使った輸送にも強みがあると自負している。

―― 2020年の市況は？

中東問題や新型肺炎といった不透明要因はあるが、決算年度が始まる4月以降は落ち着くのではないか。20年度の計画は発表していないが、若干ポジティブに見ている。

―― コンテナの色がピンクで目立ちます。

ピンクではなくマゼンタ（笑）。遠くからでも識別しやすい。今は親会社のコンテナも残っているが、コンテナの耐用年数は10～12年なので、10年後には大半がマゼンタに置き換わる。

（聞き手・大坂直樹）

ジェレミー・ニクソン（Jeremy Nixon）
1990年英ウォーリック大学卒（MBA）。P&Oネドロイド、マースクラインを経て2008年日本郵船入社。17年7月から現職。

【日本郵船】環境分野でトップランナーに

日本郵船社長・長澤仁志

社長に就任した2020年度は、海運事業では19年度までの非常に厳しい状況から脱することができたと手応えを感じている。最大の成果は、商船三井、川崎汽船とのコンテナ船の統合会社オーシャン・ネットワーク・エクスプレス（ONE）が、さまざまな取り組みによって、黒字への転換を果たしつつあることだ。自動車輸送船や鉄鉱石などを輸送するばら積み船の収益も堅調に推移している。一方で航空貨物は非常に厳しい状況が続き、物流事業も低収益の体質から脱却できていない。両事業をどう立て直していくか、真剣な議論を重ねている。

経営課題としてとくに重要なのが、ESG（環境・社会・企業統治）への対応だ。

金融機関や顧客と対話する中で、ESG課題を経営の中心に据え、真剣に取り組む必要性を、私自身が強く認識している。ESGを口に出さない日がないくらい、その重要性を社内で説いている。取り組みがいいかげんだと、企業としての生き残りは困難だ。

ESG課題の中でも重要なテーマが、輸送の過程で排出する二酸化炭素（CO_2）など温室効果ガスの排出削減だ。この分野で、当社には大きなポテンシャルがあると認識している。

今後、新たに建造する自動車輸送船は、すべてLNG（液化天然ガス）燃料で動く船に切り替える。これにより、自動車1台を輸送する際に排出するCO_2の量を2割以上削減できる。ほかにも運航の仕方を変えるなど、さまざまな工夫によりCO_2排出量を全体で3～4割減らせる。となれば、日本郵船に輸送を任せよう、という流れをつくることができる。当社グループは数ある専門子会社に優秀な技術陣を擁している。彼らと営業部隊とのコラボレーションによって環境負荷の低減に本腰を入れる。

こうした取り組みにより、海運業における環境分野でのトップランナーになりたい。

その結果、よりよい運賃を得られるし、シェアも伸ばせる。

（構成・岡田広行）

長澤仁志（ながさわ・ひとし）

1958年生まれ。神戸大学経済学部卒業。80年に入社後、LNGグループ長、海洋事業グループ長、副社長経営委員などを経て2019年6月から現職。

【商船三井】ＬＮＧビジネスで低炭素化をリード

商船三井社長・池田潤一郎

円高、市況変動など、海運業はこれまでにさまざまな試練に直面してきた。2008年のリーマンショックを契機として表面化した船腹過剰による影響は、10年にわたって続いてきた。その一方で、年ごとに伸び率のアップダウンこそあるものの、海上輸送の量自体は増加し続けてきた。しかし、今後もそうしたトレンドが続くとは言い切れない。米中など貿易摩擦の長期化に加え、近い将来、化石燃料消費の減少も想定されるためだ。一企業として持続的な成長をしていくには、総合的な競争力を身に付け、顧客や投資家から選ばれる企業にならなければならない。

（社長に就任した）15年度に、ばら積み専用船の早期解約や売却、コンテナ船の減損などの構造改革を実施。多額の赤字決算に踏み切った。それに続けて新たな成長分野として、LNG輸送で培ってきた強みを生かしたLNGのバリューチェーン拡大に力を注いできた。

今後の大きなテーマとして、船舶燃料におけるCO2排出削減があるが、重油から排出の少ないLNGへの切り替えが将来の脱炭素化へ向けての中期的な解になるとにらんでいる。

2019年、LNG燃料で走るフェリー2隻および石炭輸送船1隻の新造を決めた。わが国ではLNG燃料の供給インフラの整備は始まったばかりだが、先鞭をつける必要があると判断して、新船の投入に踏み切る。欧州とシンガポールでは、LNG燃料の供給ビジネスに参入する。

LNG化のさらに先を見据えて、脱炭素化への取り組みも進めている。燃焼時にCO2を排出しない燃料としては水素やアンモニアなどがある一方で、電池による駆動や風力の利用も脱炭素化を進めるうえでの候補として挙げられている。当社は風力を活用した「ウィンドチャレンジャープロジェクト」を進めており、22年中には「硬翼帆」を1本実装した新造船の運航開始を目指している。

（構成・岡田広行）

池田潤一郎（いけだ・じゅんいちろう）
1956年生まれ。東京大学法学部卒業。経営企画部副部長、人事部長、定航部長、取締役専務執行役員などを経て2015年6月から現職。

【川崎汽船】今期黒字転換　風力・水素で先鞭

川崎汽船社長・明珍幸一

世界的な船腹過剰に直面する中、当社は2015、16、18年度の3度にわたり、合計で1200億円を超える構造改革費用を計上。運航船舶の2割弱に相当する80隻の期限前返船を実施した。株主資本は一時目減りしたが、コンテナ船事業の統合効果や、自動車輸送船事業の航路適正化努力の成果が表れてきている。

今第4四半期は新型肺炎による荷動きへの影響が懸念されるが、黒字化目標は変えていないし、達成できると考えている。

今期は社長就任の初年度だが、環境課題への対応にも力を入れている。20年1月にスタートした硫黄酸化物（SOx）の排出規制対応に全社を挙げて取り組んだ結果、低硫黄重油への切り替えは予定どおり実施できた。今後は、ＣＯ2など温室効果ガスの大幅な削減に取り組む。

20年末までに、ＬＮＧを燃料とする大型の自動車輸送船が竣工する。20年秋には、中部地区で合弁会社による船舶へのＬＮＧ燃料供給事業が立ち上がる。同時期に、シンガポールでもＬＮＧ燃料供給事業に参画する。

海運業界は、50年までに温室効果ガスの総排出量を2008年比で5割以上削減する目標を掲げている。実現に向け、当社としても持てる力を最大限活用する。

そのための方策の1つが、船の船首部に搭載した凧を自動操縦することで補助動力とした「シーウィング」だ。風力を活用した同システムを大型のばら積み船に搭載することで、20％以上のＣＯ2排出量削減効果が見込める。21年後半には大型船への実装を進め、将来的には2桁以上の船舶に搭載していきたい。

19年12月には水素の液化・輸送の実証事業参画も決めた。

ソフト面では、川崎重工業グループと共同開発した統合船舶運航・性能管理システムのフェーズ2（追加開発）が完了。ビッグデータを活用することで、安全運航に加えて低燃費による最適運航を実現し、環境負荷を低減する。

（構成・岡田広行）

明珍幸一（みょうちん・ゆきかず）

1961年生まれ。東京大学文学部卒業。84年に入社後、コンテナ船事業グループ長、執行役員、代表取締役専務執行役員などを経て、2019年4月から現職。

再エネ利用も本格化

商船三井が設計について基本承認を取得した硬翼帆式風力推進装置を備える船。石炭船への導入に向け東北電力と検討

提供：商船三井

川崎汽船が発表した風力利用の装置。欧エアバスの技術を導入し2021年末に大型ばら積み船に搭載。20%以上のCO_2削減

提供：川崎汽船

【港湾】シンガポールは中継港となり世界トップ級

世界の港は規模の時代に

厳重なセキュリティーチェックを終えてシンガポール港のパシルパンジャンターミナルに足を踏み入れた途端、大型コンテナを載せたトレーラーが数珠つなぎで走行している様子が目に飛び込んできた。道の両側には色とりどりのコンテナが5段、6段と積み重ねられ、はるか遠くまで壁のように連なる。交差点を曲がると、やはり見渡すかぎりコンテナの壁。1日にさばくコンテナ個数は10万TEU（20フィート換算のコンテナ個数）。東京港の7倍のスケールだ。これがコンテナを含む取扱貨物量で世界第2位を誇るシンガポール港の実力である。

トレーラーの運転手を除き、作業している人がほとんど見当たらない。「ITの導入で現場に来る必要がなくなった業務がいくつもある」と、シンガポール港を運営する政府系企業ＰＳＡコーポレーションの広報担当者が説明する。敷地内でコンテナの整理をする門型クレーンの多くは、離れた建物の中から遠隔操作されている。１人の作業員が複数のクレーンを同時に扱うため効率化でも威力を発揮する。トレーラーも有人運転だけではなく、ＡＧＶ（自動搬送車）が港湾のあちこちで活躍中だ。

自動化は作業員の職を奪うことにならないのだろうか。こんな質問をＰＳＡの担当者は笑い飛ばして、こう答えた。「港湾の作業はつねに人が足りない。人手不足を補うために自動化を導入した。高レベルの技能を習得して別の部署に移る人もいるが、人員削減は行っていない」。クレーンの遠隔操作は「エアコンの利いた室内の作業は快適で、トイレにもすぐ行ける」と、作業員からも好評だという。

自動化と並ぶもう１つの柱が３６５日２４時間対応だ。夜間に船が到着すると、シンガポール港ではすぐさま業務が始まる。一昼夜かけて荷物をさばき、翌日の夜には出航するという例も珍しくない。２４時間営業は荷役作業だけで成り立つわけではない。コンテナを運搬するトラックのゲート作業など、関連するあらゆる業務が、２４時間対応を行って初めて成立するのだ。

シンガポールが強い理由

取扱貨物量の世界ランキング第1位は上海。3位は広州、4位は寧波（ニンポー）で、いずれも中国の港湾だ。中国は工業製品を世界中に輸出しており、急激な経済成長で国内消費も旺盛。輸出国と輸入国という2つの顔が、中国の港湾をランキング上位に引き上げた。一方のシンガポールはGDP（国内総生産）が中国の3％程度という小国にすぎない。それにもかかわらず、なぜ世界第2位の港湾になったのだろうか。

その理由は、シンガポールの成り立ちを知ればわかる。太平洋とインド洋を結ぶ海上交通の要衝に位置するシンガポールは古くから中継貿易の拠点として栄えてきた。東京23区程度の国土しか持たず、資源の少ないシンガポールにとって、貿易が経済成長の原動力である。1965年にマレーシアから独立して程なく太平洋航路でコンテナ輸送が始まると、政府は海上交通の要衝という地の利を生かして、中継地点におけるコンテナ積み替え（トランシップ）港としての機能強化に動いた。

1972年、ダウンタウン近くのタンジョンパガーにコンテナターミナルを整備。

90年には香港を抜いて世界最大のコンテナ港に躍り出た。その後も91〜92年にケッペル、ブラニの2ターミナルを整備し国際競争力を高めた。2010年に上海に抜かれたものの、世界トップクラスの地位は揺るがない。

2000年から17年にかけ、ハーバーフロントの西側にあるパシルパンジャンに新たなターミナルを整備した。この完成でコンテナの取扱能力は飛躍的に拡大した。シンガポール港の総取扱貨物量におけるトランシップの比率は85%に達する。

シティーターミナルと総称されるタンジョンパガー、ケッペル、ブラニの3ターミナルにパシルパンジャンターミナルが加わり、港湾の面積は大きく広がった。だが、コンテナ取扱量がこのまま増え続ければ、いずれ限界を迎える。そこで、政府はパシルパンジャンのさらに西側にあるトゥアス港に超大型ターミナルの設置を決めた。第1期工事は17年にスタートし、21年に一部機能の供用が始まる。40年にターミナル全体が完成すると、現在のシンガポールのコンテナ取扱個数の2倍の量をトゥアス港だけで賄えるようになる。

政府にはもう1つの目算がある。シティーターミナルの土地は政府がPSAに貸し付けているが、27年にリース期限が到来する。同ターミナルはダウンタウンや「マリーナ・ベイ・サンズ」、セントーサ島といった高級リゾートに近い絶好のロケーションであり、港湾事業以上の有効活用が可能だ。そこでリース期限を更新せず、機能をトゥアス港に移転させ、跡地を大規模再開発する計画を立てている。40年のトゥアス港全体の完成にあわせ、パシルパンジャンのターミナル機能もトゥアス港に移転する。その跡地も再開発されるのだろう。

ＰＳＡはシンガポール港の運営ノウハウを生かして海外の港湾運営にも乗り出している。中国、インド、サウジアラビア、ベルギー、米国など18カ国の港湾運営事業に参画。日本では北九州港ひびきコンテナターミナルの運営会社に34％出資している。

中国では、1996年の大連を端緒に、福州、広州、天津、東莞、連雲港、欽州の7都市でコンテナ港湾事業に参画している。中でも連雲港は隣接する上海港のコンテナ取扱量が満杯に近く、代替港として存在感を高めている。連雲港は欧州と鉄道でつながる「新ユーラシアランドブリッジ」の東側の終着点であり、連雲港に運ばれたコンテナは鉄道で中国の内陸部や欧州まで運ぶことが可能だ。シンガポール－連雲港間の航路と鉄道の組み合わせ。この新たな輸送ルートはシンガポール港の取扱量を増やすことにもつながっているのだ。

■ シンガポールは積み替えで稼ぐ
―アジア主要港におけるトランシップ（積み替え）貨物取扱比率（2015年）―

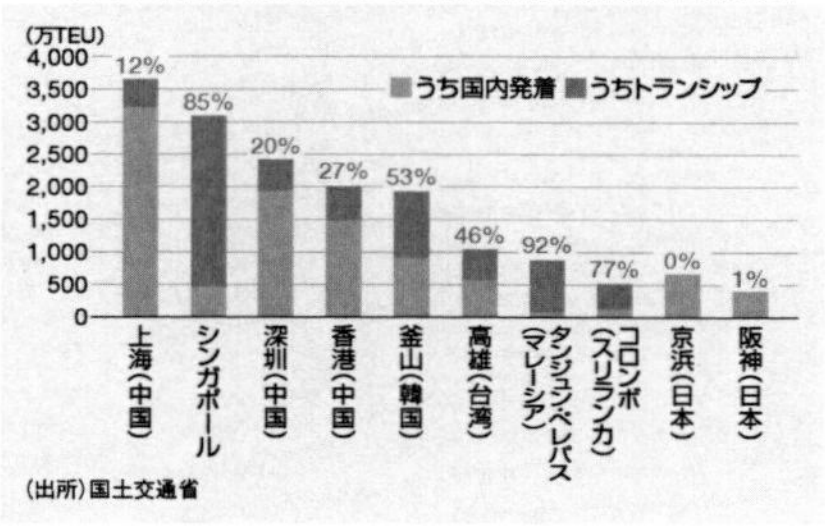

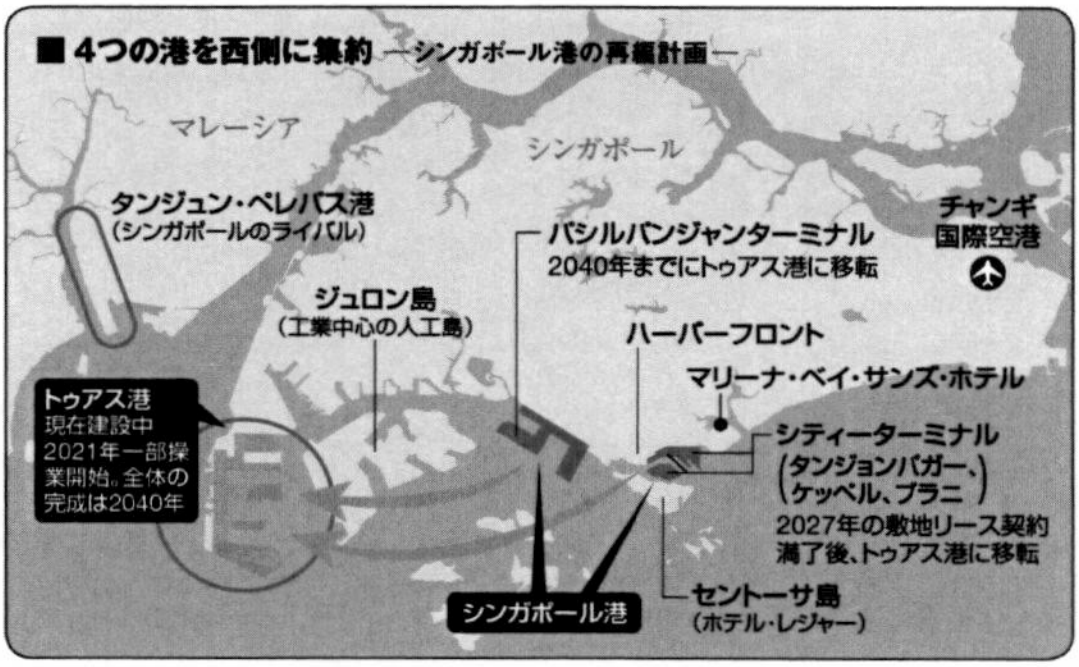

強敵はマレーシア

順風満帆のように見えるシンガポール港だが、目と鼻の先にライバルが現れた。マレーシアだ。

デンマークに本社を置くコンテナ船最大手・マースク系の港湾運営会社ＡＰＭターミナルズは２０００年、マレーシア政府と共同で、シンガポールから車で１時間程度離れたタンジュン・ペレパスに港湾を開設した。マースク自身が同港を東南アジアにおける拠点として選択、さらに台湾のコンテナ船大手・エバーグリーンも追随し、タンジュン・ペレパス港は世界の注目を集めた。新興勢力にもかかわらず割安な人件費を武器に取扱貨物量を伸ばし、１８年のコンテナ取扱個数は世界１８位だ。トランシップ比率は９２％とシンガポールの上を行く。製造加工などのロジスティクス事業も展開し、これもプラス要因になっている。人件費の高いシンガポールにはまねができない。

韓国の釜山港の動向も見過ごせない。中国と日本のコンテナを取り込むことで、世界の取扱貨物量ランキングは第8位だ。

1980年代、釜山港のコンテナ取扱量は現在よりもずっと少なく、神戸港や横浜港の下位に甘んじていた。しかし、90年代に入って中国の輸出が増え始めると、未発達だった中国の港湾に代わって中国発のコンテナ輸出を引き受ける形で取扱個数を増やし始めた。

95年の阪神・淡路大震災で神戸港の機能がストップすると、多くの荷主がやむなくハブ港を神戸港から釜山港に切り替えた。韓国政府は港湾使用料の減免など船会社に対してさまざまなインセンティブを講じ、その流れを定着させた。釜山港のトランシップ比率も53%に達する。

欧州では3港が激突

視点をアジア以外に転じると、欧州ではオランダのロッテルダム港、ベルギーのアントワープ港、ドイツのハンブルク港の3港が取扱貨物量を大きく伸ばしている。いずれもトランシップ比率は3割を超え、中継貿易が収入の大きな割合を占める。

日本では想像しがたいが、欧州では貨物の河川輸送が当たり前のように行われている。ハンブルク港はエルベ川を上流にさかのぼれば欧州の内陸部に通じ、北海とバルト海を結ぶキール運河ともつながっていることから、ロシアへの積み替え港としての役割も果たす。ロッテルダム港とアントワープ港はライン川が物流の大動脈。河川のあちこちに造られた港からドイツのデュッセルドルフ、ケルン、あるいはフランスのストラスブール、スイスのバーゼルといった都市に貨物が運ばれる。近年は環境意識の高まりから、トラックに代わる輸送手段として、河川、そして鉄道が活用されている。中国の連雲港で行われているような鉄道の港湾への乗り入れは欧州では当たり前だ。

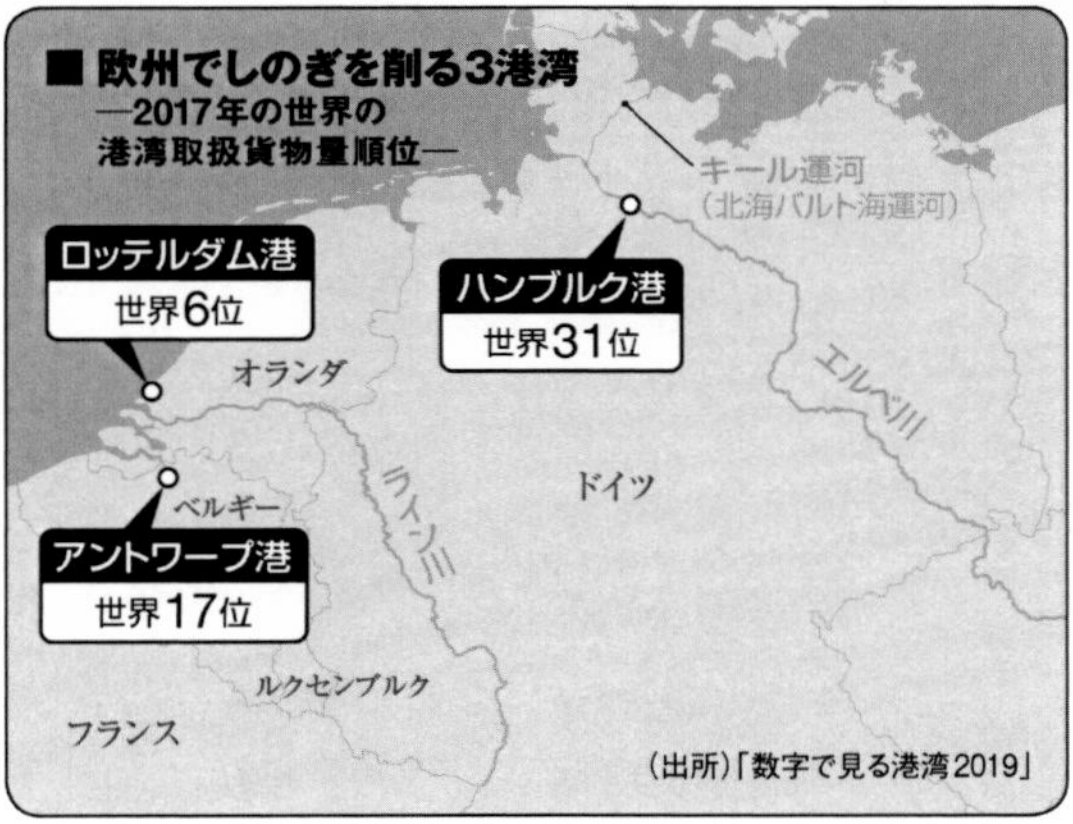
■欧州でしのぎを削る3港湾
―2017年の世界の
港湾取扱貨物量順位―
キール運河
（北海バルト海運河）
ロッテルダム港
世界6位
ハンブルク港
世界31位
オランダ
エルベ川
ライン川
ドイツ
ベルギー
アントワープ港
世界17位
ルクセンブルク
フランス
（出所）「数字で見る港湾2019」

3港は地理的に近いこともあって、ライバル関係にある。ただ、物流会社の関係者によれば、値引き合戦に陥ることはなく、「トラック、鉄道、河川を使った目的地までの最適ルートを提示できる港湾が選ばれることが多い」という。

3港の中でもとくに「IT投資や自動化に力を入れている」と関係者が口をそろえるのがハンブルク港だ。エルベ川の河口から100キロメートルほど上流の内陸部に造られたという地理的事情から、取扱貨物量は増えているものの、港湾の拡張余地は乏しい。そこで、ITを活用したコンテナ移動の効率化によってコンテナ取扱個数の拡大を図っている。ターミナル内だけではない。トラックにはインターネットで駐車場情報や経路を提示し、河川輸送では船舶の位置情報を通知するなどトータルの輸送モードを通じての効率化を図る。

世界の港湾はトランシップによって規模を拡大した。港湾の自動化や24時間対応への取り組みも積極的だ。一方、日本の港湾の貨物は自国向け中心で、トランシップはほとんどない。日本の港湾は、世界では存在感を発揮できていないのである。

（大坂直樹）

ＩＴ化で存在感増す名古屋港　東京・横浜の一体運営は幻に

ゲーム機のコントローラーを思わせるスティックとディスプレーが机上に並ぶビルの一室。画面を真剣な目で見つめるオペレーターが操るのは、むろんゲームではない。「ＲＴＧ」（ラバータイヤ式ガントリークレーン）と呼ばれる巨大な門型クレーンを遠隔操作し、トレーラーへのコンテナ積み降ろし作業を行っているのだ。ここは、名古屋港の飛島埠頭（愛知県飛島村）に位置する「飛島埠頭南側コンテナターミナル」。ＩＴ化が進む同港を代表する、日本の港で唯一の「自働化ターミナル」だ。

自動化ではなく、「ニンベン」が付く自働化。単なる機械化ではないという意味だ。「自働化は作業を平準化するための道具」と話すのは、船舶・港湾運送・陸運１０社が出資する同ターミナルの運営会社、飛島コンテナ埠頭（ＴＣＢ）の広報担当者。「平準化で高いサービスを提供できる」という。

船へのコンテナ積み降ろしを行うクレーンはオペレーターが運転席に乗り込むが、ほかの作業はほぼ自動。遠隔操作で行うトレーラーへの積み降ろしも、コントロールが必要なのは一部の作業のみで、1人で複数のクレーンを動かせる。

ヤード内のコンテナ移動は完全に自動だ。RTGがコンテナを吊り上げ、無人走行のAGV（自働搬送台車）に搭載して目的の場所へと運ぶ。各機器は全体を統括するシステムが稼働率などの情報に基づいて制御。作業を満遍なく割り振る「平準化」によって、無駄な動きをなくし作業時間の短縮につなげている。

1 無人走行でコンテナを運ぶAGV（自働搬送台車）。TOYOTAのロゴが見える。停止位置のずれは最大でも25ミリメートル以内だ
2 ヤード内でコンテナをAGVやトレーラーに積み降ろすRTG（ラバータイヤ式ガントリークレーン）。自働化は世界初だった
3 ターミナル管理棟の遠隔操作室でRTGを操るオペレーター。1人で複数台の操作ができる

民間の力を活用

港湾別の取扱貨物量で日本一を誇る名古屋港。飛島埠頭南側ターミナルは、港内に5つあるコンテナターミナルの1つだ。

名古屋港は本格的なコンテナ時代の到来を見据え、1970年に港を管理する名古屋港管理組合と民間の船会社が出資してコンテナ埠頭会社を設立した。その後も「民間活力を積極的に導入し、時代に合わせて最適な整備手法を採ってきたのが特徴」(名古屋港管理組合)だ。

例えば飛島埠頭南側ターミナルは、国が2004年度から国際競争力強化のために推進した「スーパー中枢港湾」のモデルとして整備され、岸壁は国が、AGVなどの荷役機器類はTCBが整備した。別のコンテナ埠頭である鍋田埠頭は、3つあるバース(船の停泊地)の整備方式は造られた時期によって異なるものの、港湾運送9社が設立した会社が一体運営している。

名古屋港のIT化を推進してきたのも民間だ。5つのターミナルを管理するシステムは、港運事業者の団体である名古屋港運協会が開発した「名古屋港統一ターミナルシステム」（NUTS）で一元化。コンテナの搬入・搬出をチェックするゲートも1カ所に集約し、トレーラーには携帯端末でコンテナの受け渡し場所を指示するなど、ITを取り入れて時間短縮と効率化を図ってきた。

「自働化」とIT化。これが名古屋港の明確な特徴だが、「民間の連携力が強い」（名古屋港管理組合）こともほかの主要港湾には見られない名古屋港の特徴だ。

■ **総合1位は名古屋、輸入1位は東京** ―港湾別貿易額ランキング(2018年)―

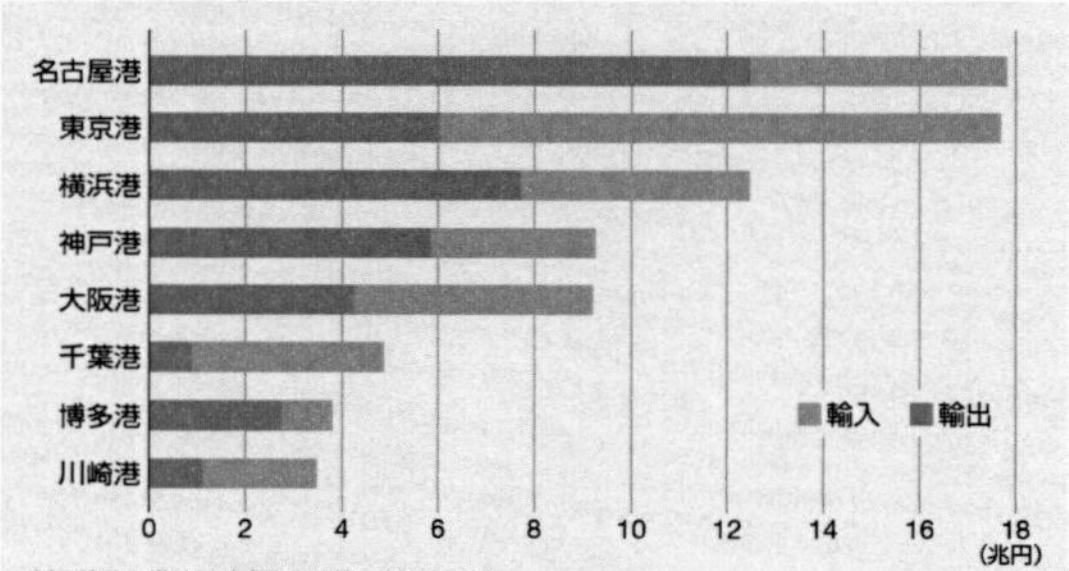

(出所)日本港湾協会『数字で見る港湾2019』

コンテナ日本一の東京

名古屋港は自動車をはじめとする輸出が多く、取り扱う貨物も多様。このバランスのよさが取扱貨物量日本一の要因だ。一方、コンテナ取扱量に限れば東京港が日本一だ。東京港の輸入と輸出の比率は7対3で輸入が輸出を上回る。首都圏という大消費地を背後に持つことを考えれば当然だ。そして海外から入ってくる貨物の96％がコンテナである。

江戸時代初期に隅田川河口付近の浅瀬が埋め立てられたのが東京港の始まりだが、高度成長期以降、品川、青海（あおみ）、大井、中央防波堤外側という現在主力のコンテナ埠頭が整備された。さらに将来の需要増加に対応すべく中央防波堤外側の拡張、大井の水産物埠頭をコンテナ埠頭に用途変更するなどの計画がある。完成すれば船が停泊するバース数は17から23へと3割増える。国は2010年に東京港を国際コンテナ戦略港湾に指定しており、シンガポール港や韓国・釜山港に対抗できるトランシップ（積み替え）港としての役割を果たすことが期待されている。そのための税制優遇措置や国庫補助などの支援も行われている。

では、東京港がトランシップ港としてコンテナの取り扱いを一気に増やし、シンガポール港や釜山港に対抗できるようになるかというと、「そう簡単な話ではない」(東京都港湾局)という。現状の東京港には喫緊の課題が山積しているためだ。

トランシップ港は船から降ろしたコンテナを別の船に積むのが仕事だが、東京港で降ろされたコンテナはトラックに積まれて首都圏、そして全国に運ばれる。港のゲートを出入りするトラックの数が増え、ゲート周辺での渋滞が問題となっているのだ。

東京五輪の競技の多くが東京港の周辺で開催される。トラックの渋滞は、大会関係者や観客らのスムーズな移動の障害になりかねない。都はゲートオープン時間の拡大や24時間利用が可能な一時保管場所の増設などの施策を講じているが、抜本的な問題解決のためには、こうした施策を五輪後も継続して行う必要がある。ただ、港湾労働者の時間外勤務にどう対応するかなど解決すべき問題は多い。

元日本郵船副社長でJR貨物の相談役を務める石田忠正・東京都港湾振興協会会長は、「鉄道貨物を有効活用すべき」と説く。大井コンテナ埠頭の隣にはJR貨物のターミナル駅があるため、鉄道貨車に積み替えれば全国に輸送できる。しかし、これも簡単にはいかない。輸出入用のコンテナの高さは2・9メートルあり、国内向けコンテナよりも30センチメートル高い。わずかな差ではあるが、高さ制限のあるトンネルは通過できない。東京－盛岡間など制限をクリアしている路線もあるがごく一部。この問題の根本的な解決を目指し、JR貨物は通常よりも30センチメートル低床の貨車の開発を検討中だ。

東京港から40キロメートルほど離れた場所にある横浜港は、取扱貨物量で名古屋港、千葉港に次ぐ国内3位で東京を上回る。1859年に開港して以来、日本を代表する国際貿易港として世界との橋渡し役を果たしたという点で、東京港への対抗意識も強い。

1917年に新港埠頭が完成し、その後山下埠頭、本牧（ほんもく）埠頭、大黒埠頭が次々と整備され、2015年にはさらに外側にあり、超大型船の接岸が可能な岸壁水深18メートルという特徴を持つ南本牧コンテナターミナルが供用開始した。本牧埠頭の外側に新本牧埠頭を整備する計画も控える。「最新鋭のコンテナターミナルが外側に整備されていく。港湾の内側にある古いターミナルをどう再開発するかが今後の課題」と、横浜市港湾局の担当者は話す。港湾の奥にある新港埠頭は赤レンガ倉庫として生まれ変わった。現在は山下埠頭の再開発を検討中。ＩＲ(統合型リゾート)も活用法の一案だ。

横浜港も東京港とともに国際コンテナ戦略港湾に指定されている。さらに国には東京港、横浜港に川崎港を加えた3港を「京浜港」として一体運営させる構想もあった。しかし、都は参加せず、１６年の横浜港と川崎港の2港による一体運営会社、横浜川崎国際港湾の設立にとどまった。「都は国の支援がなくても自主財源で港湾機能を強化できる。港湾運営に対する国の口出しを嫌って一体運営に参加しなかったのだ」と、港湾事情に詳しい関係者が内幕を明かす。

クルーズ船の寄港をめぐっても東京港と横浜港は対峙している。横浜ベイブリッジをくぐれない超大型客船の寄港を可能にするため、横浜港は橋の手前にある大黒埠頭に客船ターミナルを整備した。一方の東京港は２０２０年7月、臨海副都心に東京国際クルーズターミナルを開業予定。第1船として世界最大級のクルーズ船「スペクトラム・オブ・ザ・シーズ」が開業当日に寄港することが決まっている。今後も誘致合戦は活発化するだろう。

関西では、かつて神戸港が日本一、世界4位のコンテナ港として君臨していた。しかし、95年の阪神・淡路大震災で港湾機能がマヒ。復旧を待てない荷主の多くが、釜山港にシフトし、復旧後も荷主が神戸港に戻ってくることはなかった。現在神戸港のコンテナ取扱量は東京、横浜に次ぎ国内では3位、世界64位に甘んじる。「阪神・淡路大震災がなければ、神戸港のポジションはもっと高かったのに」と、嘆く声が海運業界のあちこちで聞かれる。

しかし、神戸港も国際コンテナ戦略港湾に選ばれ、さらに14年に大阪港と共同で阪神国際港湾を設立した。19年には北米航路のコンテナを神戸港で積み替えて中国の太倉港へ運ぶトランシップ事業を獲得。巻き返しが注目される。

補助金払って荷物集め

現在、国が重点投資する国際コンテナ戦略港湾に指定しているのは、東京・横浜・川崎・大阪・神戸の5港だ。「選択と集中」により、名古屋は選に漏れた。しかし、選択と集中と言いつつ、輸出入コンテナを取り扱う港は全国で60を超える。日本海側の港湾の中には、取扱量を増やすために、荷主に補助金を出してコンテナを集めているところもある。例えば新潟港は19年度、要件に応じ最大1500万円の補助金を荷主に支払っている。伏木富山港も「全国トップクラスの手厚い内容」を売り文句にコンテナ貨物の獲得を狙う。本来なら東京、横浜、名古屋といった港湾に向かっていたかもしれないコンテナが補助金に釣られて日本海側の港湾に向かう。そして日本海から地理的に近い釜山港に運ばれ、世界各地に向かう。「補助金の原資は国民の税金。日本は国民の税金で釜山港までも儲けさせている」と、ある港湾関係者は嘆く。

シンガポールや釜山が、以前から国策としてコンテナ港の機能強化を進めていたのに対し、日本の動きは遅すぎた。たびたび変わる国の港湾政策に、各港は翻弄されてきたともいえる。各国が港湾機能の強化に取り組む中、ぶれない日本の港の針路を定めることが重要だ。

（小佐野景寿、大坂直樹）

港は自動化なんかしてもしょうがない

藤木企業会長・藤木幸夫

取扱貨物量で名古屋、千葉に次ぐ3位で、東京を上回る横浜港。カジノ誘致への反対運動で時の人となった〝横浜の首領（ハマのドン）〟こと藤木企業会長の藤木幸夫氏が港を取り巻く状況に物申した。

――世界最大級のシンガポール港が自動化へ舵を切っています。名古屋も同様の動きをしていますが、横浜の展望は。

そもそも、横浜はこれ以上、合理化のしようがない。横浜港の南本牧埠頭におけるコンテナ積み降ろしは1時間に50本をこなす。ほかの港でＡＩ（人工知能）や自動運転をどれだけ導入しようとも、考えられない水準だ。

――なぜそれほどの差が？

よくシンガポールの港湾関係者が見学しに来る。横浜はクルーの連携がいいんだ。互いに気を使い合う姿勢が海外の港とはまったく違う。それがスピードにちゃんと反映されている。現場が「ああでもない、こうでもない」と言いながら、最適なことを実践してきた結果、世界でいちばん効率のいい港になったというだけの話だ。

――ノウハウが属人化する懸念はないのでしょうか。

港にはまだ、徒弟制度のような文化が残っている。プレッシャーをかけるのではなく、若い者に「ちょっと来い。ここはこうやるんだぞ」というふうに教えている。欧米の港では、ノウハウを教えると自分が職を追われてしまうからと実現しない。今後、ロボットがますます増えていくだろうが、港は自動化なんかしてもしょうがない。

——川崎港と共同で航路誘致に取り組んでいます。もともとは東京港も参加する計画だったようですが……。

東京は生意気なんですよ。そもそも、東京港というのはなかったんだ。太平洋戦争の頃、中国奥地へ日本軍がどんどん進む中、横浜港は軍事物資や兵隊さんの積み込みで繁忙を極めていた。周囲の港が反対したこともあり、あくまで横浜港の補助港として東京が開港した。

ところが戦後に港湾法が改定され、国が管理してきた港を地方自治体が持てることになった。そして、自分たちを横浜港の補助港とした法律が生きていると知らない東京のばかどもが港を名乗り始めた。道路や空港、河川は当然のように国が管理しているにもかかわらず、国の玄関である港湾が国に直接管理されていない戦後改正の港湾法は欠陥法だ。

(聞き手・森田宗一郎)

藤木幸夫（ふじき・ゆきお）

1930年生まれ。53年早稲田大学政治経済学部卒業後、オール商会を経て、55年藤木企業入社。2008年から現職。横浜港運協会会長も務める。19年に横浜港ハーバーリゾート協会を設立、カジノ誘致に反対。

船長よりも偉い「水先人」とは？

「将来は『水先人』になりたい」――。若い航海士から大型船の船長まで、多くの船乗りたちが将来の目標をこう答える。

水先人とは、船が出入港する際に船に乗り込み、船長を補佐する職種だ。多数の船が行き交う港を航行する際、事故や天候に左右されて、予定どおりの出入港ができない可能性がある。そのため、該当の水域（水先区）に所属し、その特徴を知り尽くす水先人が船に乗り込み、世界中からやって来る船の船長に着岸までの安全な航路を指示する。水先人が船長に代わって船を操舵する場合も多く、船長を超える存在として船乗りの間で尊敬を集める存在となっている。

水先人は1級から3級に分かれており、等級に応じて扱える船の大きさが異なる。

最上級の1級水先人は水先業務を行える船の大きさに制限がなく、超巨大客船など大型船を安全に出入港させる重要な立場だ。従来は大型船の船長経験がなければ水先人にはなれなかったが、現在は船長経験がなくても国家試験で資格を得ることができる。外国船での業務が多いことから英語試験も課され、ＴＯＥＩＣで高得点を獲得するほど言語力に長けた水先人もいる。

クルーズの乗客にも入港する際にデッキに出て水先人を乗せた小型船を待ち構えている者がいる。そして、自分たちの船をサポートする水先人が乗船する様子を、嬉々として写真に収めるのだ。水先人は船乗りのみならず、一般人である乗客からも憧れを抱かれる港のスターなのである。

（ライター・くぼ　こまき）

【造船】国内1・2位が資本業務提携へ

中韓に敗退、業界再編へ

「日本に造船業が残れるか。本当の瀬戸際だということだ」。ある造船会社の幹部は何度も繰り返した。

2019年の年末、業界を揺るがすニュースが相次いだ。まず11月29日、国内1位の今治造船と2位のジャパン マリンユナイテッド（JMU）が資本業務提携に踏み切ると発表した。LNG（液化天然ガス）運搬船を除く大型商船について、共同で営業・設計を行う新会社を設立したうえで、今治造船がJMUに出資する方向で手続きを進めている。

さらに、12月18日に今度は4位の三菱重工業が長崎造船所香焼（こうやぎ）工場について売却を含めた検討を始めると発表した。相手は3位の大島造船所。国内造船1～4位が一度に動き、業界再編の歯車が回り出した。

業界を悩ませ、再編へ駆り立てているのは、深刻な「船余り」だ。

これは、2008年のリーマンショック直前に受注・生産開始した船が大量に出回っていることが原因だ。建造に数年かかる大型商船はリーマンショック後も高水準での建造が続き、11年には世界の建造量が1億総トンを超えた。だが、その後新造船への需要は増えないまま、現在ではピーク時の半分程度の約5000万総トンにとどまっている。

発注量の激減で各国の手持ち工事量は減少傾向が続き、過当競争に陥った造船業界は赤字も辞さない覚悟で受注を奪い合う。

日本の手持ち工事量は適正とされる2年分の総トン数を直近で割り込んでいる。採算も厳しく、JMUが20年2月3日に発表した19年4～12月期決算も131億円の営業赤字だ。

見えぬ中韓への対抗策

2019年末発表の今治造船とJMUの資本業務提携は合併ではない。共同で行うのはあくまで設計と営業活動にとどまるが、業界に与えた衝撃は大きかった。それは、水と油とまでいわれた「重工系」（JMU）と「地場系」（今治造船）の2社が手を組んだからだ。

戦前の軍用艦をはじめ、戦後もタンカー大型化など国家プロジェクトを手がけてきた重工系に対し、創業家が強いリーダーシップを発揮し「一族の結束を重視する地場系では造船所の運営から経営方針の決定プロセスまであらゆるものが違う」（関係者）。そのため、13年にJFEホールディングスやIHIなど重工系の造船事業が統合した成り立ちを持つJMUも、地場系との提携は最近まで検討していなかった。それを一気に覆したのが、19年に相次いだ統合ラッシュだった。

19年3月には世界1位の現代重工業（韓国）が3位の大宇造船海洋（韓国）を買収することで最終合意したのに続き、中国でも国有の中国船舶工業集団と中国船舶重工集団が経営統合する。環境規制の強化や世界経済の発展に伴い船の需要が再び増勢に転じるには、4～5年かかる。市況が厳しい中、世界中で進むのが、業界再編による大規模化だった。

なぜ大規模化が進むのか。こうした動きは、直近の厳しい状況で生き残るためだけではなく、今後の市況反転時に攻勢に出るための足場づくりの意味合いが強い。顧客である船主も大規模化が進んでおり、大型商船を一度に多数受注・建造できるほうが優位に立てるのだ。

日本勢は完全に出遅れた。海運会社は日本への発注量を減らし、日本の船主ですら中韓の造船会社へと発注先が移りつつある。国土交通省によると、1995年には96％だった海運会社の国内調達比率が16年には77％に低下。その後も取引額の大きいLNG運搬船などで中韓への発注が相次いでおり、現在では比率はさらに下がっている。

中韓の企業は政府による手厚い支援があることも、日本勢の立場を苦しくしている。

韓国の大宇造船海洋に対しては政府系金融機関が1兆円を超える金融支援をしているとされ、日本政府はこれを世界貿易機関（WTO）のルールに違反するとして2国間協議を求めている。が、韓国側が応じるかは不透明だ。今治造船の檜垣幸人社長も19年7月の記者会見で中国、韓国の造船について「安い船価提示に対抗できない」と発言。「勝ったと思ったら、ライバルがゾンビのようによみがえる。これまでの考え方では戦えない」（JMU幹部）との声が漏れる。

世界トップ10はすべて日中韓企業

2018年新造船建造量グループ別シェア

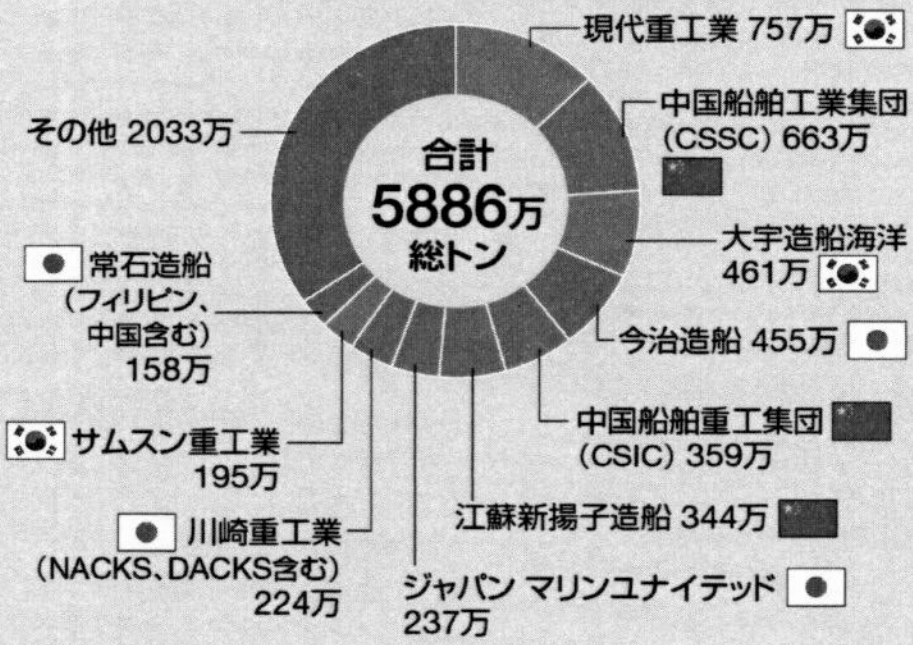

(出所)IHSマークイット

各国の手持ち工事量は減少している

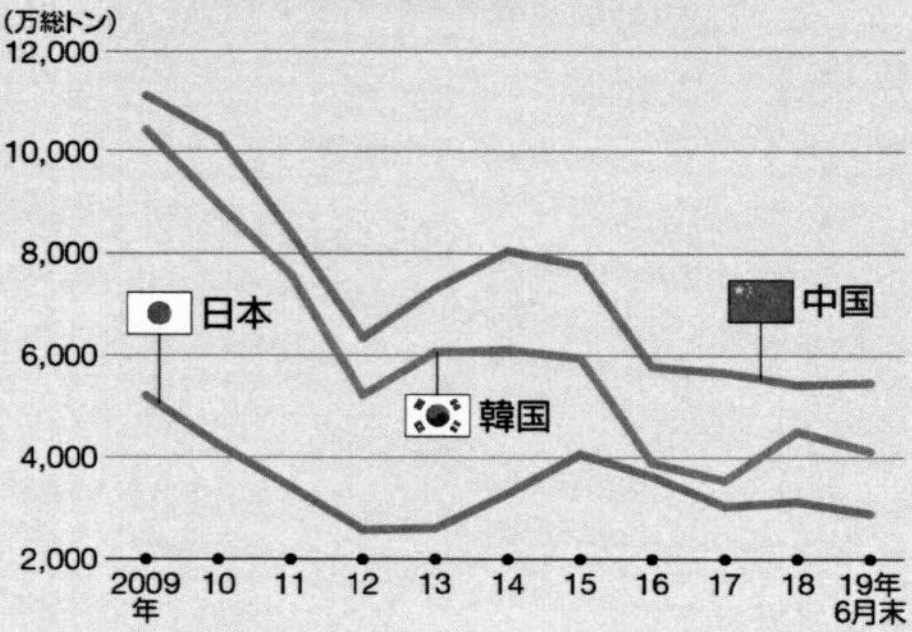

(出所)IHSマークイット

カギを握るＬＮＧ運搬船

日本勢の苦戦を象徴するのが、船価の高いＬＮＧ運搬船だ。競争環境は日本にとってあまりにも厳しい。技術的な課題を克服するため、開発費用が膨らみがちだが、中韓勢は潤沢な資金を使って次々と量産に乗り出している。日本のＪＭＵも１４年に難易度の高い大型ＬＮＧ運搬船を4隻受注したが、工事が遅れ、１６年度と１７年度に相次いで工事損失引当金を計上。１７年度は最終損益が６９８億円の大赤字になってしまった。これに懲りたＪＭＵは現在、ＬＮＧ運搬船の受注活動を積極的には行っていない。

三井Ｅ＆Ｓホールディングス（旧三井造船）と川崎重工業は中国の合弁会社での建造が主力になっていく見込みだ。三菱重工は長崎・香焼工場を売却すると、ＬＮＧ運搬船などのガス船事業から事実上撤退することになる。泉澤清次社長は2月6日の決算会見で「ガス船については中韓の追い上げが激しい中、コスト競争で劣後している」と、敗北を認めた。護衛艦やフェリーを建造する長崎の本工場は残し、今後はこうした特殊な技術が必要な船に特化していく方針だ。

造船会社によって得意とする方式が違い、それが不利に働いている側面もある。日本の海運会社も「リスペクトはある。日本の造船には頑張ってほしい」（日本郵船の長澤仁志社長）とはいうものの、LNG運搬船は船主だけでなく資源を開発する荷主の方針で採用される船の仕様が決まるのが実態だ。

LNG船のタンクについて、世界中で主流になりつつあるのはメンブレン方式と呼ばれるもの。JMUはSPB方式という独自技術を用いたが状況は厳しい。三菱重工や川崎重工など日本の他社が造るLNG船もモス方式というもので、こうした違いが日本勢の発注を妨げる要因の1つになっている。LNG船でマジョリティーが確保できない以上、日本の造船業が世界で存在感を高めていくことは難しそうだ。

「海事クラスタ」の行方は

歴史をたどれば、日中韓による三つどもえが固まったのは、2000年以降だ。この年、韓国がそれまでトップだった日本を抜き建造量世界一に躍り出た。背景には、それまで圧倒的な1位を誇っていた日本が供給過剰に対応するために行った合理化や人員削減で、優秀な技術者と造船ノウハウが韓国に流出したことがある。韓国に続く形で中国も造船業の育成に着手。2010年に韓国を抜き世界トップになった。

売上高2兆円、従業員8万人に上る日本の造船業界は、かつて日本の高度成長を支えた基幹産業だった。圧倒的なシェアを握り、ピーク時の1985年には世界の新造船の50%を日本が占めていた。海運・舶用機械といった他産業とともに「海事クラスタ」を形成し、オイルショックやプラザ合意後の円高といった逆風に対しても、協力して対応する体制をつくっていた。

海に囲まれた日本にとって、造船・海運は今でも欠かすことのできない産業とみる向きは強い。業界の裾野は広く、大型商船で培ったノウハウが国内で使う中型船や海上保安庁などの艦船などにも生かされる。瀬戸内や九州では基幹産業になっている地域も多い。

20年2月3日にはJMUが、舞鶴事業所での新造船を終了すると発表した。今後、競争力を失った大型商船分野で、造船所の廃止・縮小の動きが加速する可能性が高い。造船業に対する国の支援が必要との意見も根強い。国土交通省は19年度、海事産業将来像検討会を立ち上げ、海事産業の将来像について議論を始め、20年5月に報告をまとめた。中韓のような露骨な支援が難しい中、進むべき針路を示すことは容易ではない。

（高橋玲央）

■ 日本はかつてシェア1位だったが、今は3位に
―世界の新造船建造量の推移―

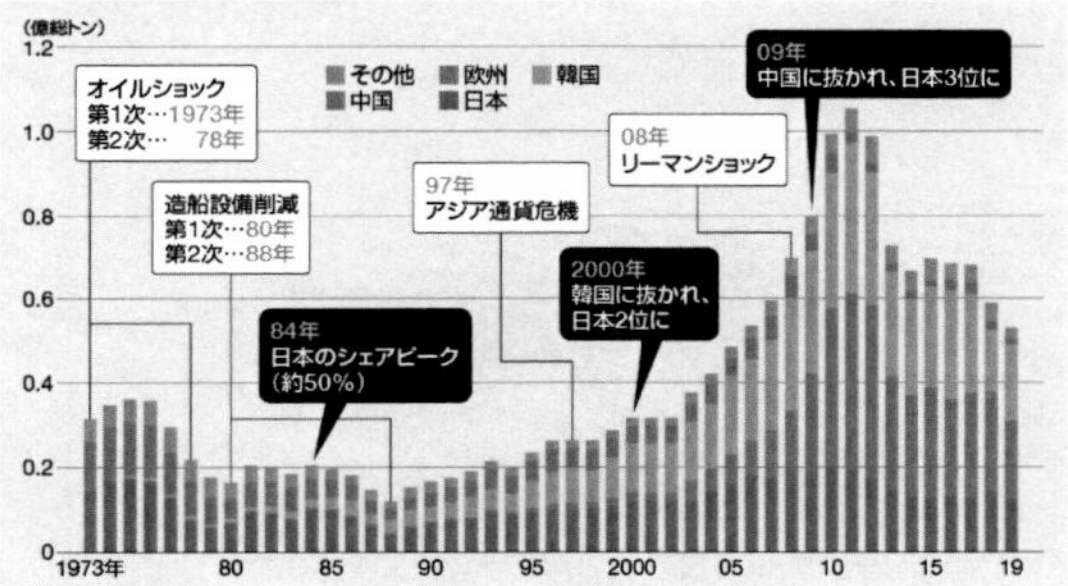

(出所)IHSマークイット

世界最大級の鉱石運搬船が竣工

見た者の度肝を抜く巨大な船がジャパン マリンユナイテッド（JMU）の有明事業所（熊本県長洲町）で19年12月に竣工した。ブラジルにある世界最大の鉄鉱石鉱山カラジャスの名前を取って「NSU CARAJAS」と命名。載貨重量約40万トンと、世界最大規模の鉱石運搬船「ヴァーレマックス」と呼ばれる船型だ。JMUにとってこの船型は初の竣工だ。

引き渡しを受けたNSユナイテッド海運は、ブラジルの大手資源会社ヴァーレとの間で2016年12月に締結した25年間の長期契約に基づき、年間に約160万トンの鉄鉱石をブラジルから中国北部の港に輸送する。NSU海運は現在、JMUにもう2隻のヴァーレマックスを発注しており、そのうち1隻が別の契約に基づいて同じくヴァーレの鉄鉱石を中国に運ぶ。

ＪＭＵ独自の省エネ技術であるＳＳＤ（スーパー・ストリーム・ダクト）やサーフバルブを装備し、燃費性能を大幅に向上させた。「当社の既存のばら積み船と比べて、同じ量の燃料で倍以上の量の鉄鉱石を輸送できる」。初航海で船長を務めるＮＳＵ海運の仲本和宏氏は、ＮＳＵ ＣＡＲＡＪＡＳの強みをそう表現した。２０年１月に強化された国際規制に対応して、排煙脱硫装置も設置されている。

気候変動問題が深刻化する中で、海運会社は船の運航によって排出される二酸化炭素などの温室効果ガスの大幅な削減が急務に。燃費性能に優れた船舶の開発は、日本の造船会社にとっても生き残りのカギになる。

（岡田広行）

洋上風力発電で「作業船」に脚光

気候変動問題を背景に世界で急速に普及が進む再生可能エネルギー。四方を海に囲まれた日本では洋上風力発電の拡大が確実視されている。海上に100基程度の大型風力発電機を建設するため、総事業費は1案件で数千億円に及ぶ。プロジェクトにもよるが、そのうち3割程度を占めるのが発電設備の建設工事費用だ。清水建設の推計によれば、新市場の規模は5兆円超という。

この新たな市場への参入へ、ゼネコン各社が着々と準備を進めている。数百億円をかけて、自己昇降式作業船（SEP船）を建造しているのだ。

SEP船は海底に船を固定する脚が付いており、船体をジャッキアップできる。船には大きなクレーンと洋上風力発電設備を積み込む広いスペースがあり、船体を固定することで波の影響を受けない作業環境を確保できる。SEP船は洋上風力発電所の建設に不可欠で、この運用なしに工事を受注することは難しい。

そこで各社は自前のSEP船建造を相次いで打ち出した。清水建設は世界最大級の自航SEP船を約500億円かけて建造し、2022年10月に竣工させる予定だ。同社の白枝哲次・新エネルギーエンジニアリング事業部長は「日本の荒い海象条件に耐えられるよう、強度に気を配った」と強調する。五洋建設も18年に1隻目のSEP船を完成させ、2隻目を鹿島建設などと共同で建造する。風車の大型化が進んでいることを踏まえ、2隻目は発電能力10~12メガワット級の建設にも対応できるようにする。例えば、MHIヴェスタス社製の9・5メガワット級だとブレード（羽根）の長さは80メートルにも及ぶ。風車の大型化を見据えてSEP船を建造しなければ、たちまち使えなくなってしまう。

日本のゼネコン勢の弱みといえば、実際に洋上風力発電設備を大規模開発した経験がないことだ。SEP船の運用コストは1日当たり数千万円にも及ぶ。工事が難航すれば、その分だけ建設会社の持ち出しが増えることもありうる。その反面、効率よくSEP船を扱えれば、工事費用は軽減できる。

技術力が物を言う

そのためには当然、ＳＥＰ船を運用する高い技術力が必要だ。五洋建設の野口哲史・土木本部長は、北九州市沖の洋上風力発電の実証機を解体するなど「ノウハウは蓄えつつある」と説明。そのうえ、「日本の気象・海象の変化には慣れている」と自信をのぞかせる。港湾工事や離島での工事にもＳＥＰ船を活用して高い稼働率を維持する考えだ。

ゼネコン勢が着々と準備を整える一方で、日本市場に熱い視線を送るのが総合商社、丸紅だ。同社のグループ会社であるシージャックス社（英国）は４５０本を超える洋上風力発電設備の工事をこなしてきた。台湾での工事も担うなど経験豊富だ。丸紅の海外電力プロジェクト第３部の田代浩介部長代理は「欧州では洋上風力産業が成熟している」と話し、台湾、日本といったアジアの新興市場での展開に意欲を見せる。急拡大する洋上風力発電をめぐる競争は白熱する一方だ。

（大塚隆史）

シージャックス社が保有する最大級のＳＥＰ船「Scylla」。
大型クレーンで洋上風力発電機を設置する

世界の港を買いまくる中国・根底に「マラッカ・ジレンマ」

新型肺炎対策の初動の遅れが批判される中国で国を挙げての対策が始まったのは、最初の患者が報告されてから1カ月以上経った2020年1月20日。そのとき習近平国家主席は南部の雲南省にいた。

その2日前に習氏は隣接するミャンマーで同国の事実上のリーダーであるアウン・サン・スー・チー国家顧問と会談し、「中国・ミャンマー経済回廊」の建設に関する共同声明をまとめた。ミャンマー西部にあるチャオピュー港から、雲南省の省都である昆明までを高速鉄道などのインフラで連結するのがその目玉だ。

このプロジェクトは、中国が提唱する「一帯一路」の一部と位置づけられている。一帯一路は陸路の新シルクロード経済ベルト（一帯）と、海路の21世紀海上シルクロード（一路）で中国と欧州を結び、そこに至るまでの沿線国の経済開発を進める巨大経済圏だ。

チャオピューから昆明までは全長1420キロメートルのパイプラインが敷かれている。2017年に運用が開始され、中国が輸入する原油の約6％を供給する能力がある。

中国は2009年には米国を抜いて世界最大のエネルギー消費国となった。IEA(国際エネルギー機関）によれば、中国の原油消費における輸入依存度は16年時点で70％に達し、その70％近くが中東・アフリカから調達されている。

そして、その8割以上は米国海軍がにらみを利かせるマラッカ海峡を経由して中国に届く。米国に首根っこを押さえられている「マラッカ・ジレンマ」を脱することは、中国の悲願だ。中国が南シナ海の軍事拠点化を進めるのにも、米海軍のマラッカ海峡以西へのアクセスを断ち切る狙いがある。

チャオピュー港開発の狙いは、原油そのほかの重要な資源を、マラッカ海峡を使わずに中国に持ち込むルートを確保することだ。18年には中国中信集団(CITIC)

がチャオピュー港での開発でミャンマー政府と合意した。

同様の思惑から、パキスタンともミャンマーでのそれとそっくりな計画が進んでいる。パキスタン西部のグワダル港と新疆ウイグル自治区のカシュガルを結ぶ、「中国・パキスタン経済回廊」だ。１４年には、４５６億ドルを投入して高速道路、鉄道、天然ガス・石油パイプラインを建設すると表明した。こちらも一帯一路政策の一環との位置づけだ。

プロジェクト規模は発表当時４６０億ドルで、現在では６２０億ドルにまで拡大。全体の完成は３０年の予定だ。その核となるグワダル港の開発は当初シンガポール企業が手がけていたが、１３年に中国の国有企業が引き継いでいる。

「中国・パキスタン経済回廊」は、その経済性が疑問視されている。パキスタンには、インフラ整備により経済発展を加速する狙いがあるが、建設のための輸入増で外貨不足となって債務危機に陥るリスクが指摘されているのだ。

ここで引き合いに出されるのは、スリランカのケースだ。同国では中国の融資で、以前の首都コロンボの東にあるハンバントタで港湾建設を行ったが債務の返済ができなくなり、債務削減と交換で同港の港湾運営権を中国企業に99年間貸与することとなった。

中国には発展途上国を借金漬けにして最終的には自国の支配下に組み込む狙いがあるのではないか、その目的は米国からの海洋覇権の奪取ではないか――。グワダル港にも将来的に中国が海軍基地を設けるとの見方がある。

東アフリカのジブチでは17年に中国海軍初の国外基地が設けられた。その近隣では、中国の影響力が強い内陸国エチオピア向けのニーズを想定して港湾施設も建設中だ。経済開発と軍事戦略の両にらみで進んでいる印象は拭えない。

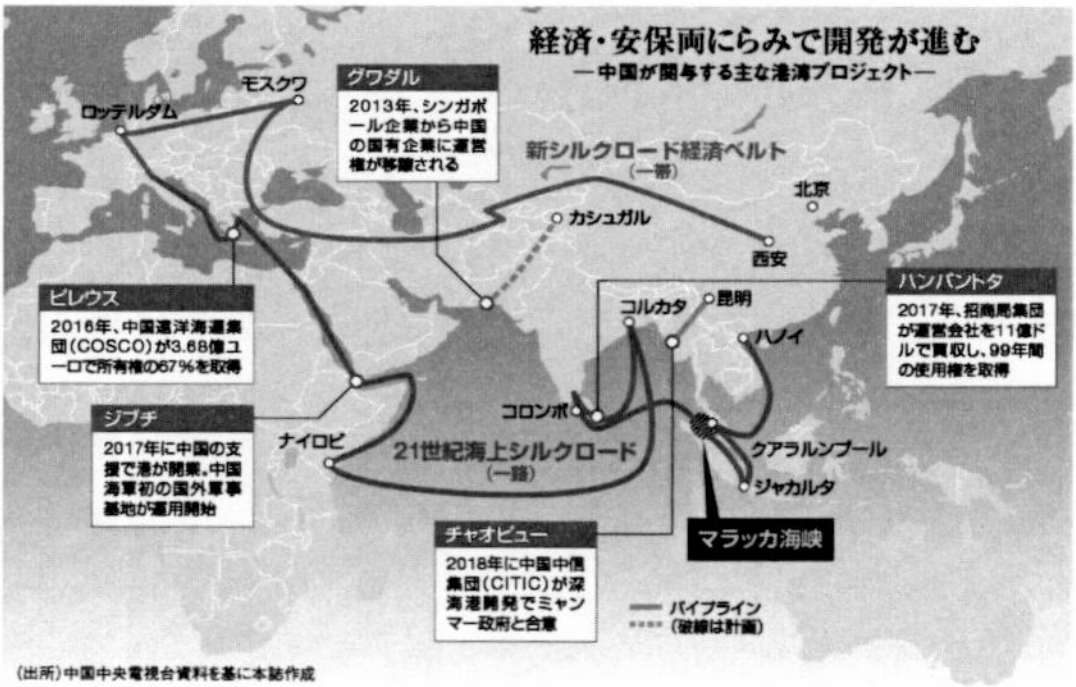
経済・安保両にらみで開発が進む
―中国が関与する主な港湾プロジェクト―
ロッテルダム
モスクワ
グワダル
2013年、シンガポール企業から中国の国有企業に運営権が移譲される
新シルクロード経済ベルト
（一帯）
カシュガル
北京
西安
ピレウス
2016年、中国遠洋海運集団（COSCO）が3.68億ユーロで所有権の67％を取得
ジブチ
2017年に中国の支援で港が開業。中国海軍初の国外軍事基地が運用開始
ナイロビ
21世紀海上シルクロード
（一路）
コルカタ
昆明
ハノイ
コロンボ
クアラルンプール
ジャカルタ
ハンバントタ
2017年、招商局集団が運営会社を11億ドルで買収し、99年間の使用権を取得
チャオピュー
2018年に中国中信集団（CITIC）が深海港開発でミャンマー政府と合意
マラッカ海峡
パイプライン
（破線は計画）
（出所）中国中央電視台資料を基に本誌作成

軍事的思惑に警戒

中国企業は最近、海外で港湾の買収や出資を拡大しており、これも軍事戦略を念頭に置いた動きではないかと警戒されている。

19年11月にギリシャを訪問した習氏は、首都アテネから程近いピレウスにわざわざ立ち寄った。中国遠洋海運集団（COSCO）の手で開発が進んでいるピレウスはスエズ運河を経由して地中海に入るルートの要だけに、軍事利用への観測がくすぶる。

中国で海外港湾の開発に積極的なのはCOSCOと招商局集団の2社だ。いずれも国有企業であり、採算度外視で国策に協力しているのではないかとみられがちだ。

世界の海上物流に詳しい、東京大学大学院工学系研究科の柴崎隆一准教授は「この2社がことさら戦略的に動いている印象はない」と言う。中国の高度成長に伴う港湾需要の拡大に沿って成長してきた両社にとって、港湾買収は着実に儲かるビジネスだ。

「この20年、中国の港への投資は十分なリターンを生んできた。その感覚があるから、海外でも積極的に投資しているのではないか」（柴崎氏）。一帯一路という国策は資金面で追い風であり、中国企業には他国企業より大胆にカネを張る余地がある。

港湾の開発は本来、地元にも利用する国にも大きな利益をもたらすが、それが警戒されるのは中国の意図がわかりにくいからだ。例えば一帯一路の全体像を中国政府は今に至るまで公表していない。中国から欧州までが範囲のはずが、いつの間にかアルゼンチンなど南米諸国まで「沿線国」に加わった。中国の都合によりいくらでも形を変えるだけに、軍事的な意図への懸念についても完全に消し去るのは難しいだろう。

（西村豪太）

【週刊東洋経済】

本書は、東洋経済新報社『週刊東洋経済』２０２０年2月２２日号より抜粋、加筆修正のうえ制作しています。この記事が完全収録された底本をはじめ、雑誌バックナンバーは小社ホームページからもお求めいただけます。

小社では、『週刊東洋経済ｅビジネス新書』シリーズをはじめ、このほかにも多数の電子書籍ラインナップをそろえております。ぜひストアにて**「東洋経済」**で検索してみてください。

『週刊東洋経済ｅビジネス新書』シリーズ

No.314　お金の教科書
No.315　銀行員の岐路
No.316　中国が仕掛ける大学バトル
No.317　沸騰！再開発最前線
No.318　ソニーに学べ

No.319　老後資金の設計書
No.320　子ども本位の中高一貫校選び
No.321　定年後も稼ぐ力
No.322　ハワイvs.沖縄　リゾートの条件
No.323　相続の最新ルール
No.324　お墓とお寺のイロハ
No.325　マネー殺到！　期待のベンチャー
No.326　かんぽの闇　保険・投信の落とし穴
No.327　中国　危うい超大国
No.328　子どもの命を守る
No.329　読解力を鍛える
No.330　決算書&ファイナンス入門
No.331　介護大全
No.332　ビジネスに効く健康法

No.333　新幹線　ｖｓ．　エアライン
No.334　日本史における天皇
No.335　ＥＣ覇権バトル
No.336　検証！　ＮＨＫの正体
No.337　強い理系大学
No.338　世界史&宗教のツボ
No.339　ＭＡＲＣＨ大解剖
No.340　病院が壊れる
No.341　就職氷河期を救え！
No.342　衝撃！　住めない街
No.343　クスリの罠・医療の闇

週刊東洋経済eビジネス新書　No.344
船・港　海の経済学

【本誌（底本）】
編集局　大坂直樹、岡田広行、小佐野景寿、森田宗一郎、高橋玲央、大塚隆史、西村豪太
デザイン　熊谷直美
進行管理　下村　恵
発行日　2020年2月22日

【電子版】
編集制作　塚田由紀夫、長谷川　隆
デザイン　市川和代
制作協力　丸井工文社
発行日　2020年10月19日　Ver.1

発行所　〒103-8345
東京都中央区日本橋本石町1-2-1
東洋経済新報社
電話　東洋経済コールセンター
03（6386）1040
https://toyokeizai.net/
発行人　駒橋憲一
©Toyo Keizai, Inc., 2020

電子書籍化に際しては、仕様上の都合などにより適宜編集を加えています。登場人物に関する情報、価格、為替レートなどは、特に記載のない限り底本編集当時のものです。一部の漢字を簡易慣用字体やかなで表記している場合があります。本書は縦書きでレイアウトしています。ご覧になる機種により表示に差が生じることがあります。

本書に掲載している記事、写真、図表、データ等は、著作権法や不正競争防止法をはじめとする各種法律で保護されています。当社の許諾を得ることなく、本誌の全部または一部を、複製、翻案、公衆送信する等の利用はできません。

もしこれらに違反した場合、たとえそれが軽微な利用であったとしても、当社の利益を不当に害する行為として損害賠償その他の法的措置を講ずることがありますのでご注意ください。本誌の利用をご希望の場合は、事前に当社（ＴＥＬ：０３‐６３８６‐１０４０もしくは当社ホームページの「転載申請入力フォーム」）までお問い合わせください。

※本刊行物は、電子書籍版に基づいてプリントオンデマンド版として作成されたものです。